LORENZO SPURIO

Jane Eyre

Una rilettura contemporanea

Lulu Edizioni

2011 Lulu Edizioni
www.lulu.com
prima edizione: luglio 2011
copertina: Ritratto di Charlotte Brontë eseguito da E. A. Duyckinck a partire
dal bozzetto di George Richmond
quarta di copertina: Lorenzo Spurio
impaginazione: Lorenzo Spurio
ISBN 9781447794325

INDICE

INTRODUZIONE

Ho sempre considerato *Jane Eyre* uno dei romanzi più belli della letteratura, se non addirittura il migliore in assoluto. E' un romanzo che affascina, perchè ricco di elementi diversi: la storia d'amore, il tema coloniale, il tema della *madwoman in the attic* e gli elementi più dichiaratamente gotici. E' una scrittura complessa che è stata studiata a lungo dalla critica, secondo varie prospettive ed angolazioni. Costituisce, senza nessun dubbio, assieme a *Cime tempestose* di Emily Brontë e *Orgoglio e Pregiudizio* di Jane Austen, uno dei romanzi più amati degli ultimi duecento anni, non solo da sdolcinate fanciulle romantiche ma da un pubblico trasversale. Nei tre casi ci troviamo, inoltre, di fronte a una sensibilità nuova, alla presa di voce da parte della donna, a quei tempi considerata in maniera dispregiativa, al pari di un oggetto. Così è interessante anche l'aspetto più dichiaratamente femminista che fuoriesce da *Jane Eyre* che, dopo una vita travagliata, giunge a dire la famosa frase «Sono signora di me stessa».

L'idea di questa analisi comparativa è quella di sottolineare quanto il romanzo della Brontë, scritto più di centocinquanta anni fa, sia estremamente attuale e contemporaneo, non tanto nei temi in esso contenuti, ma nella forma, nell'idea originaria. Assistiamo infatti negli ultimi venti anni a una serie di romanzi che in qualche modo hanno la pretesa di continuare la storia della Brontë (*sequels*) o che partono dall'idea, invece, di voler fare il percorso contrario, cioè quello di risalire al passato di alcuni personaggi (*prequels*). In molti si sono, inoltre, spinti a ristrutturare l'intero romanzo in chiave contemporanea, introducendo nuovi personaggi e adattando il *romance* a nuove situazioni. In ogni caso sono usciti esperimenti curiosi, interessanti, ma in altri casi invece l'aspetto parodistico ha dominato su tutto, tuttavia il *mother text* ne è sempre risultato vittorioso e intonso. Così la mia idea in questa breve analisi è quella di vedere come alcuni autori hanno maneggiato la materia della Brontë, quali prospettive hanno condiviso e quali invece hanno abbandonato, cosa hanno salvato della Brontë e cosa hanno inventato di sana pianta per dare una parvenza di originalità. Partendo dal *mother text* (*Jane Eyre* di Charlotte Brontë) si analizzerà così un *prequel* (*Il gran mare dei Sargassi* di Jean Rhys), un *sequel* (*Charlotte, l'ultimo viaggio* di D.M. Thomas), una riscrittura in veste fantasy-horror (*Jane Slayre* di Sherri Browning Erwin) e una lettura della storia da un'altra angolazione (*La bambinaia francese* di Bianca Pitzorno). Mi sembra opportuno fornire, prima di iniziare l'analisi, un breve accenno al *plot* di ciascun romanzo in questione per facilitare la lettura e la comprensione al lettore.

Jane Eyre, Charlotte Brontë, 1847

La storia di Jane Eyre ha la conformazione di un romanzo a tappe, ciascuna caratterizzata da un ambiente diverso. La narrazione inizia con la giovane Jane Eyre, orfana, che vive nella casa degli zii Reed a Gateshead, nello Yorkshire, dove viene continuamente maltrattata dalla zia e dai cugini. Poi viene mandata dalla zia al collegio di Lowood, una scuola di carità per bambine orfane dove sostanzialmente si ripresenta la stessa situazione di cattività. Tutte le bambine vengono sottoposte alle rigide prescrizioni del rettore, Mr. Brocklehurst, e soffrono sulla propria pelle fame e freddo. Trascorre vari anni a Lowood fino a quando, ormai matura, diventa istitutrice. Tramite un annuncio su un quotidiano locale riesce a trovar lavoro come istitutrice per una giovane ragazza, Adèle, nel castello di Thornefield, residenza di Mr. Rochester. Pur essendo presente una certa differenza sociale Jane e Rochester finiscono per

2

innamorarsi e poi decidono di sposarsi. Proprio nel giorno del matrimonio, però, salta fuori un impedimento, perché un legale annuncia, prima che la formula nunziale sia stata recitata, che il signor Rochester è già sposato. Veniamo così a conoscenza dell'esistenza della prima moglie di Rochester, Bertha, che è rinchiusa in una stanza del terzo piano della casa, perché pazza. Jane rimane addolorata da questa scoperta e lascia Thornefield. Vaga diversi giorni per la brughiera sino a che non raggiunge Whitecross e poi un'abitazione nota come Moore House dove, stanca e affamata, viene ospitata. Scoprirà in seguito che la famiglia che la ospita (due sorelle e un uomo, St. John Rivers) non sono altro che suoi tre cugini e, grazie a una lettera, verrà a conoscenza della cospicua eredità che suo zio, John Eyre di Madeira, morendo le ha lasciato. Una notte Jane sente in lontananza delle urla di Rochester che la invoca e la chiama il suo aiuto e così Jane si incammina per ritornare a Thornefield, ma, quando arriva, trova il castello distrutto e annerito dal fumo. Un anziano le spiega che a Thornefield c'è stato un grave incendio appiccato da Bertha nel quale il signor Rochester ha perso la vista e un braccio. Al termine Jane ritrova il signor Rochester ormai cieco e invalido nell'altra tenuta, Ferndean Manor, dove Jane gli professa tutto il suo amore. I due si sposano e hanno dei figli.

Il gran mare dei Sargassi, Jean Rhys, 1966

L'intenzione della Rhys, scrittrice caraibica, con questo romanzo è stata quella di dar voce ai personaggi neri, creoli, esotici che in Jane Eyre, invece, sono silenti e vengono dipinti in maniera dispregiativa. Così in questo romanzo è narrata tutta la storia di Antoinette Cosway, la donna che poi sarà soprannominata Bertha da Rochester, sebbene il nome di quest'ultimo non venga mai fatto. La narrazione inizia con Antoinette sola e incompresa nella sua famiglia, poiché la madre dedica tutte le sue attenzioni all'altro figlio, gravemente malato. L'infanzia di Antoinette nella residenza di Coulibri è vissuta così a diretto contatto con Christophine, la governante nera della Martinica che parla il patois e che è portavoce di una cultura caraibica magico-esoterica. La storia si sviluppa sull'isola della Jamaica nel periodo di tempo immediatamente successivo all'emancipazione dei neri. La famiglia di Antoinette fa parte della minoranza creola bianca dell'isola e, a seguito della fine dello schiavismo, viene presa di mira dalla comunità nera che arriva ad incendiare la casa di Coulibri. La famiglia lascia la casa e, durante la fuga, il fratello di Antoinette muore mentre la madre comincia a dare i primi segni di pazzia. Antoinette trascorre del tempo a Spanish Town, a casa della zia Cora e poi viene mandata al Convento del Monte Calvario dove trascorre alcuni anni. Nella parte successiva del romanzo c'è un cambio di punto di vista e a parlare è Rochester il quale ci informa che il matrimonio c'è già stato e che i due si apprestano

4

*a partire per la luna di miele nella casa di
Granbois, poi Rochester passa a raccontare dei
primi episodi di pazzia della moglie che, assieme
all'oppressione e allo spaesamento che ha
sperimentato stando su quell'isola troppo estrema
e troppo diversa dall'Inghilterra, ha deciso di
ritornare in Inghilterra e di chiudere sua moglie
in una stanza. Nell'ultima parte del romanzo
Antoinette, ormai soprannominata Bertha, fa
un sogno in cui si vede sottrarre le chiavi della
stanza a Grace Poole e scendere nel castello per
poi appiccare un rogo. Quando si sveglia dice che
sa cosa deve fare, prende le chiavi a Grace Poole
e poi il romanzo si chiude. Se decidiamo di
interpretarlo come prequel di Jane Eyre, allora
sappiamo che Bertha andrà ad incendiare il
castello e Rochester rimarrà menomato; se invece
decidiamo di interpretare la storia singolarmente,
è possibile che incendi la casa oppure no, è
possibile che muoia oppure no.*

Charlotte, l'ultimo viaggio di Jane Eyre, D.M. Thomas, 2000

*Il romanzo di D.M. Thomas si sviluppa su di
due piani temporali e presenta due storie diverse
e lontanissime tra di loro. Il romanzo ha la
forma di un sequel di Jane Eyre, perché prende a
raccontare della felice storia d'amore di Jane e
Rochester a Ferndean fino a quando Rochester
non prende l'iniziativa di ricostruire Thornefield
Hall e, dopo poco tempo, viene trovato morto in
un dirupo. Così Jane intraprende un viaggio
verso la Martinica per cercare il figlio che
Rochester aveva avuto con Bertha, notizia che le*

*da Grace Poole, la governante della pazza. Poi
ci viene narrata la storia ambientata negli anni
'90 del '900 di Miranda Stevenson, docente
universitaria che si reca a Saint Pierre, la
vecchia capitale della Martinica, per tenere una
conferenza su Jane Eyre. Durante la sua
permanenza sull'isola si abbandona a una serie
di rapporti sessuali con alcuni neri. Il romanzo
si chiude con una lunga lettera datata 1843
indirizzata a una certa signora Ashford (si
tratta di Miss Temple in Jane Eyre) e firmata
da Robert Rochester, figlio di Rochester e
Bertha, nella quale la informa che Jane è morta
ma che in precedenza lui l'ha amata come sua
donna e che insieme avevano iniziato i lavori per
una scuola per i bambini neri della zona.*

Jane Slayre, Sherri Browning Erwin, 2010

*Non è la prima volta che la scrittrice americana
Sherri Browning Erwin propone una riscrittura
in chiave horror-fantasy di classici della
letteratura vittoriana. In questo romanzo ciò che
colpisce più di tutto è la presenza di vampiri,
fantasmi e lupi mannari tanto che Jane, più che
essere un'eroina romantica, finisce per essere una
tremenda assassina di vampiri, conservando pur
sempre un accezione positiva. Così i cugini Reed
durante la sua permanenza a Gateshead sono
dei vampiri mentre l'austero Mr. Brocklehurst,
rettore del collegio di Lowood, è un creatore di
zombi, ossia rianima i corpi delle bambine
decedute. Jane più che occuparsi della sua vita*

6

privata sarà impegnata a fronteggiare la crudeltà dilagante attorno a lei: decapita gli zombi dei suoi amici conducendo quindi una battaglia tra il Bene e il Male. Quando giunge a Thornefield Hall in qualità di governante, si innamora del padrone della tenuta, il signor Rochester, ma nel giorno delle nozze viene alla luce un grave impedimento: il signor Rochester è già sposato con una donna pazza rinchiusa in soffitta, si tratta di Bertha, un licantropo.

La bambinaia francese, Bianca Pitzorno, 2004

La Pitzorno, consacrata autrice di libri per l'infanzia, ci propone una riscrittura interessante del romanzo della Brontë, fatta attraverso un altro personaggio. La storia si svolge nel 1832 a Parigi dove la piccola Sophie Gravillon, orfana e povera, viene presa in custodia da Céline Varens, una nota attrice francese che la fa vivere nella sua casa con tutti gli agi, come se si trattasse di sua figlia. Il migliore amico di Sophie è Touissant, un ragazzino di colore, che è considerato da tutti come uno schiavo e inferiore, ma che in casa della Varens, viene rispettato. Ben presto la storia prende una piega diversa, quando Céline viene accusata di un reato che non ha commesso e imprigionata nelle carceri psichiatriche parigine a causa della sua progressiva perdita di memoria. Così Sophie e Touissant si daranno molto da fare per salvarla. Nel frattempo, in Inghilterra, Adèle, figlia di Céline, vive con sofferenza la lontananza dalla madre e dal suo paese natio e intrattiene un

7

rapporto amichevole segreto con Bertha, che noi sappiamo essere la prima moglie di Rochester. Giunta in Inghilterra per prendersi cura di Adèle, Sophie assiste alla nascita dell'amore tra Rochester e Jane Eyre. Alla fine Céline viene liberata dal carcere e, lentamente, recupera la memoria; Adèle e Bertha vengono portate via da Thornefield e tutti se ne ritornano verso le Indie Occidentali dove Bertha, che non è pazza, ritrova l'uomo che aveva amato e Touissant, oramai uomo libero, cerca di rintracciare sua sorella, mentre Céline e Adèle si stabiliscono a L'Avana.

I

BERTHA MASON, LA PAZZA NELLA TRADIZIONE LETTERARIA DI *JANE EYRE*

> *Bertha Mason è pazza, e viene da una famiglia di pazzi: idioti, dementi da tre generazioni. Sua madre, la creola, era pazza e alcolizzata, come ho scoperto dopo aver sposato la figlia: perché prima erano molto silenziosi sui segreti di famiglia. Da figlia obbediente, Bertha ha imitato la madre in entrambe le caratteristiche.*[1]

Il personaggio di Bertha Mason, prima moglie di Rochester, è presente in tutti i romanzi che prenderemo in considerazione in questo testo critico.[2] In ciascun romanzo il personaggio di Bertha viene presentato secondo modalità ed intenti differenti. In alcuni di essi si fa riferimento solo alla sua pazzia e alla sua aggressività mentre in altri c'è una vera comprensione, se non addirittura compassione, nei confronti del personaggio. In *Jane Eyre* non ci viene detto niente dell'infanzia e dei motivi della pazzia di Bertha mentre *Il gran mare dei Sargassi* analizza i motivi dell'infanzia e dell'adolescenza di Antoinette, rinominata Bertha da Rochester, sino alla sua pazzia. In *Charlotte, l'ultimo viaggio* si parla poco di Bertha, ma Grace Poole ci dà alcune informazioni importanti su di lei. Nel romanzo della Pitzorno il personaggio di Bertha viene rivisto completamente. È una donna pazza che fa amicizia con Adèle e che, grazie a quest'ultima, riesce a fuggire da Thornefield.

---

[1] Charlotte Brontë, *Jane Eyre*, Milano, Mondadori, 2007, pp. 342-343.
[2] *Jane Eyre* di Charlotte Brontë (1847), *Il grande mare dei Sargassi* (1966) di Jean Rhys, *La bambinaia francese* (2004) di Bianca Pitzorno e *Charlotte, l'ultimo viaggio* (2000) di D.M. Thomas.

9

In ogni romanzo Bertha viene presentata come pazza furiosa, spesso descritta in termini animaleschi o con sembianze di un vampiro. In *Jane Eyre* Bertha muore nel rogo, in *Il grande mare dei Sargassi* forse muore nel rogo o forse si salva (dipende dalla nostra interpretazione), in *Charlotte* è già morta quando inizia la storia, ma ne *La bambinaia francese* si salva, abbandona Thornefield ed addirittura rinsavisce dalla sua malattia. Si capisce che i diversi autori che hanno lavorato sul *mother text* di *Jane Eyre*, hanno trattato il personaggio di Bertha in maniera diversa per sottolineare un differente punto di vista sull'intera storia raccontata.

In *Jane Eyre* le urla e le grida che provengono dal terzo piano del castello introducono Jane in un ambiente misterioso e gotico e solo in seguito scopriamo che si tratta delle urla di Bertha Mason. Bertha, prima ancora di essere descritta fisicamente, viene introdotta da urla e grida, udibili dai piani inferiori di Thornefield Hall. Durante la visita del castello assieme alla signora Fairfax, Jane si rende subito conto di qualcosa di strano:

> Mentre lo percorrevo [il corridoio] silenziosamente, mi colpì l'orecchio un suono, l'ultimo che mi sarei aspettata di sentire in un luogo così solitario: una risata. Era una risata strana: chiara, artificiosa, cupa. Mi fermai: il suono tacque, ma solo per un istante, ricominciò di nuovo, più forte: perché all'inizio, sebbene fosse chiara, la risata era molto bassa.[3]

La signora Fairfax e Rochester in più punti del romanzo spiegano a Jane che quella risata proviene da una stanza del terzo piano dove abita Grace Poole, una sarta dall'aspetto torvo e che spesso si ubriaca. Jane si mostra da subito riluttante a credere a quella storia e comprende che c'è un mistero rinchiuso nel castello.

---

[3] *Ivi*, p. 123.

> Quando mi trovavo così in solitudine, non era
> raro che sentissi la risata di Grace Poole: lo stesso
> scoppio, lo stesso basso e lento *ah! ah!* che,
> quando lo avevo sentito la prima volta, mi aveva
> fatto rabbrividire: sentivo anche i suoi brontolii
> strani; più strani delle risate.[4]

Anche in *Il gran mare dei Sargassi,* quando si accenna alla pazzia di Bertha, riscontrata da Rochester durante la luna di miele trascorsa nella casa di Granbois, si fa riferimento al ridere:

> Al che lei rideva a lungo, e non mi diceva perché
> ridesse. Ma che differenza, di notte, persino la sua
> voce cambiava.[5]

In *Jane Eyre* i riferimenti al ridere sommesso e violento, sinistro e minaccioso di Bertha sono ovunque:

> Mi svegliai di soprassalto nell'udire un mormorio
> incerto e lugubre che sembrava venire proprio
> dalla camera sopra la mia.[6]

> Sentii un riso demoniaco, sommesso e profondo,
> che sembrava venire dalla serratura della mia
> camera.[7]

> Si sentì un gorgoglio e un lamento. Un attimo
> dopo dei passi risuonarono lungo la galleria,
> diretti verso la scala che conduceva al terzo
> piano.[8]

Anche in *Il gran mare dei Sargassi* ci sono numerosi riferimenti alle urla e alle risate di Bertha:

---

[4] *Ivi,* p. 127.
[5] Jean Rhys, *Il grande mare dei Sargassi,* Milano, Adelphi, 1980, p. 94.
[6] Charlotte Brontë, *Jane Eyre,* Milano, Mondadori, 2007, p. 172.
[7] *Ivi,* p. 173.
[8] *Ivi,* p. 173.

Allora lei scoppiò a ridere. Una risata da pazza.[9]

Spesso si fa riferimento al linguaggio colorito, volgare e sboccato di Bertha:

> [Q]uell'estranea che era mia moglie e mi gridava insulti.[10]

> La signora Rochester – Bertha – a volte parlava in modo molto sboccato, signora. Non poteva farci niente, povera anima; faceva parte della sua malattia.[11]

In *Jane Eyre* Bertha, prima del rogo finale di Thornefield, è responsabile anche di un altro incendio appiccato di notte nella stanza del signor Rochester. Jane, che non riesce a dormire, vede del fumo provenire dalla stanza del signor Rochester e riesce a salvarlo. L'incendio viene spento.

> [L]'aria era opaca, come carica di fumo; mentre guardavo per vedere di dove provenisse quella nuvola bluastra, cominciai a sentire un forte odore di bruciato. Qualcosa scricchiolò: una porta socchiusa; era quella del signor Rochester da cui usciva una nuvola di fumo. [...] Le lingue di fuoco circondavano il letto, le tende erano in fiamme. E tra il fumo e le fiamme il signor Rochester era immobile, profondamente addormentato. [...] con l'aiuto di Dio, riuscii a spegnere le fiamme che lo divoravano.[12]

L'indomani, la spiegazione che viene data a Thornefield per l'incendio nella stanza del signor Rochester, è quella che il signore

---

[9] Jean Rhys, *Il grande mare dei Sargassi*, Milano, Adelphi, 1980, p. 158.
[10] *Ivi*, p. 159.
[11] D.M. Thomas, *Charlotte, l'ultimo viaggio di Jane Eyre*, Milano, Baldini & Castoldi, 2001, p. 67.
[12] Charlotte Brontë, *Jane Eyre*, Milano, Mondadori, 2007, p. 173.

si è addormentato con la candela accesa e questa ha appiccato il rogo mentre Rochester fa credere a Jane che sia stata Grace Poole. Il racconto dello stesso episodio lo ritroviamo in *La bambinaia francese* della Pitzorno:

> L'altra notte c'è stato un incidente che ha portato un po' di movimento e di scompiglio. Monsieur Rochester ha l'abitudine di leggere a letto, e si è addormentato dimenticando di spegnere la candela che aveva sul comodino. Muovendosi nel sonno probabilmente ha spinto verso la fiamma le cortine del letto, che hanno preso fuoco.[13]

Bertha viene così tratteggiata nei romanzi come una donna legata strettamente al riso sguaiato e al fuoco, due elementi che allegoricamente possono essere visti come il Male, le tentazioni o la follia estrema dell'uomo. Le urla e le risate che provengono dal terzo piano si acuiscono la notte successiva all'arrivo di un certo Richard Mason che dice di essere giunto dalla colonie.

> Dio mio! Che urlo! – La notte - il silenzio, la quiete della notte- venne squarciata da un urlo selvaggio e acuto che percorse da un capo all'altro Thornefield Hall.[14]

> Tutto è cominciato con un urlo. Un urlo tremendo, che mi ha fatto cadere di mano la penna. Veniva dal terzo piano, ed era così forte e agghiacciante che ha svegliato tutta la casa.[15]

Richard Mason è il fratello di Bertha. È giunto a Thornefield per visitarla ma, durante l'incontro, viene morso ad un braccio dalla sorella e viene ferito profondamente. Nel frattempo Jane,

---

[13] Bianca Pitzorno, *La bambinaia francese*, Milano, Mondadori, 2004, p. 350.
[14] Charlotte Brontë, *Jane Eyre*, Milano, Mondadori, 2007, p. 239.
[15] Bianca Pitzorno, *La bambinaia francese*, Milano, Mondadori, 2004, p. 376.

all'oscuro di tutto, cerca di interpretare le risate, i suoni sommessi e i movimenti che sente provenire dal terzo piano:

> [L'urlo] veniva dal terzo piano, perché era passato sopra di me. [...] Ora sentii una lotta: una lotta mortale, si sarebbe detto dai suoni; e una voce soffocata gridò tre volte, in rapida successione "Aiuto, aiuto, aiuto![16]

I suoni, i mormorii e i movimenti brutali di Bertha vengono descritti come se lei appartenesse al genere animale piuttosto che al genere umano. Bertha è descritta sempre in maniera animalesca e bestiale, quasi come se rappresentasse una primigenia naturalità allo stato primordiale.

> [S]entii un ringhio, simile a quello di un cane infuriato.[17]

Non solo Bertha viene connessa alla bestialità, ma anche alla violenza vampiresca.[18] Morde suo fratello al braccio e il morso potrebbe far pensare a quello di un cane rabbioso o di un qualsiasi altro animale selvaggio:

> [Q]uesta ferita non è stata fatta con un coltello: c'è il segno dei denti.[19]

> [S]i è avventata su di me come una tigre.[20]

---

[16] Charlotte Brontë, *Jane Eyre*, Milano, Mondadori, 2007, p. 240.
[17] *Ivi*, p. 243.
[18] Per approfondire l'associazione donna-vampiro trattata dagli scrittori in età vittoriana, è consigliata la lettura di *Origine e diffusione del vampirismo, Il doppio volto della donna: angelo o demone?* di Serena Bono (Albatros Editore, Roma, 2010, pp. 112).
[19] *Ivi*, p. 247.
[20] *Ibidem*.

14

In pratica Bertha si è avventata sul braccio del fratello con inaudita violenza da far pensare proprio ad un vampiro assetato di sangue. Il signor Mason dice:

> Ha succhiato il sangue; ha detto che mi avrebbe
> prosciugato il cuore.[21]

Rochester interviene per salvare Richard e chiede aiuto a Jane, ignara di tutta la storia, di medicare il signor Mason che ha perso molto sangue. Anche in *Il gran mare dei Sargassi* si fa riferimento alla lite furibonda tra Bertha e il fratello e al ferimento di quest'ultimo, sottolineando l'atteggiamento aggressivo e vampiresco della donna:

> Vi siete avventata contro di lui con un coltello in
> pugno, e quando lui ve l'ha tolto di mano voi gli
> avete morso il braccio.[22]

E anche in *La bambinaia francese*:

> Bertha invece is very bad: mi ha detto che ha
> litigato con suo fratello, che gli ha dato una spinta
> e lo ha morsicato [dice Adèle].[23]

Tuttavia in *Jane Eyre* c'è anche un altro episodio di vampirismo in Bertha: quando si avventa sul signor Rochester e lo morde. Dopo l'impedimento per il matrimonio tra Rochester e Jane, Rochester invita il parroco, il legale Briggs e Richard Mason a vedere chi è sua moglie. A questo punto Bertha ci viene descritta direttamente dagli occhi di Jane Eyre:

> Una figura correva avanti e indietro. Non si
> capiva a prima vista se fosse una figura umana o

---

[21] *Ivi*, p. 248.
[22] Jean Rhys, *Il grande mare dei Sargassi*, Milano, Adelphi, 1980, pp. 198-199.
[23] Bianca Pitzorno, *La bambinaia francese*, Milano, Mondadori, 2004, p. 382.

un animale: sembrava trascinarsi a quattro zampe,
e ringhiava come una belva: ma era vestita, e una
massa di capelli neri, selvaggi come una criniera,
le nascondeva la testa e il viso.[24]

E poi seguono una serie di parallelismi tra Bertha e il mondo animale: «un grido selvaggio»[25], «la iena vestita si alzò e si drizzò sulle zampe posteriori»[26], «la pazza ruggì»[27], «grido da bestia ferita».[28] A questo punto ci viene descritta la lotta tra Bertha e il signor Rochester ed il ferimento di quest'ultimo:

> La pazza si avventò e lo afferrò [il signor Rochester] crudelmente alla gola, piantandogli i denti nella guancia: lottarono. La donna era grande, alta quasi quanto il marito, robusta: dava prova di una forza virile; più di una volta fu per strozzarlo, per quanto forte e atletico lui fosse. Certo avrebbe potuto metterla fuori combattimento con un colpo ben assestato; ma lui non voleva colpirla: lottava soltanto. Infine riuscì ad afferrare le braccia; Grace Poole gli diede una corda e lui gliele legò dietro la schiena; con altra corda, che aveva sottomano, la legò a una sedia. La donna intanto mandava urla feroci e si dibatteva selvaggiamente.[29]

Un episodio analogo di attacco vampiresco di Bertha nei confronti di Rochester è descritto in *Il grande mare dei Sargassi*:

> [Bertha] cantò con voce rauca. E alzò la bottiglia per bere ancora. [...] Cercai di trattenere il suo polso con una mano e la bottiglia con l'altra, ma

---

[24] Charlotte Brontë, *Jane Eyre*, Milano, Mondadori, 2007, p. 344.
[25] *Ibidem.*
[26] *Ibidem.*
[27] *Ibidem.*
[28] Bianca Pitzorno, *La bambinaia francese*, Milano, Mondadori, 2004, p. 378.
[29] Charlotte Brontë, *Jane Eyre*, Milano, Mondadori, 2007, pp. 344-345.

quando mi sentii addentare al braccio, lasciai
cadere la bottiglia.[30]

È presente un altro episodio importante che concerne
Bertha ossia la rottura del velo nunziale di Jane Eyre. In una delle
sue fughe notturne, Bertha entra nella stanza di Jane.
Quest'ultima la osserva piena di paura:

> Prese il mio velo; lo sollevò, lo guardò a lungo,
> infine se lo gettò in capo, e si voltò verso lo
> specchio. Allora vidi i riflessi con chiarezza nel
> lungo specchio ovale il viso e i lineamenti. [...] Si
> tolse il mio velo dalla testa spettrale, lo strappò in
> due, lo gettò sul pavimento e lo calpestò.[31]

Descrivendo l'immagine di quella donna che si era introdotta
nella sua stanza di notte, Jane dice a Rochester che aveva la pelle
arrossata e il volto gonfio tanto che le era sembrato «d'orrido
spettro tedesco, il vampiro».[32] Anche in questa parte abbiamo
dunque un parallelismo tra Bertha e il vampiro. In *Il grande mare
dei Sargassi* l'episodio dello strappo del lenzuolo con i denti di
Antoinette, rinominata Bertha, può essere visto come un
riferimento allo strappo del velo nunziale in *Jane Eyre*.

> Antoinette fece qualche passo avanti. Non si
> reggeva sulle gambe. Mi avvicinai per aiutarla ma
> lei mi respinse, si sedette sul letto e cercò di
> strappare il lenzuolo con i denti, poi emise
> un'esclamazione esasperata. Prese un paio di
> forbici dal tavolo rotondo, tagliò di netto l'orlo e
> strappò il lenzuolo a metà, poi cominciò a
> lacerare ogni metà in tante strisce.[33]

---

[30] Jean Rhys, *Il grande mare dei Sargassi*, Milano, Adelphi, 1980, p. 159.
[31] Charlotte Brontë, *Jane Eyre*, Milano, Mondadori, 2007, p. 333
[32] *Ibidem*.
[33] Jean Rhys, *Il grande mare dei Sargassi*, Milano, Adelphi, 1980, p. 105.

Un riferimento al velo nunziale è presente anche in *La bambinaia francese* e in *Charlotte, l'ultimo viaggio*:

> Bertha invece è arrabbiata. Forse è gelosa perché io dovevo reggere lo strascico il giorno del matrimonio. Ha detto che lei quel velo di pizzo lo straccia e lo calpesta sotto i piedi.[34]

> Bertha convinse Grace con l'inganno a lasciarla uscire, e fece a pezzi il vestito da sposa di Jane. Povera donna, era tutto quello che poteva fare.[35]

Una volta condotta in Inghilterra, Bertha, che è abituata al clima caldo e tropicale delle Antille, dice di avere sempre freddo:

> Trema sempre dal freddo ed è così magra! [dice Grace Poole][36]

> Bertha ha sempre freddo.[37]

> Bertha è raffreddata e tossisce e sputa sulle braci del camino.[38]

Del rogo di Thornefield e della morte di Bertha veniamo a sapere in maniera indiretta tramite il racconto che un anziano di una locanda fa a Jane. L'ultima immagine di Bertha è la seguente:

> Era sul tetto: stava ritta là, agitando le braccia, sopra i merli, urlando tanto forte che la sentivano a un chilometro di distanza:l'ho vista e l'ho sentita con i miei occhi. Era una donna imponente, e aveva lunghi capelli neri, che le cadevano sulle spalle, illuminati dalle fiamme.

---

[34] Bianca Pitzorno, *La bambinaia francese*, Milano, Mondadori, 2004, p. 421.
[35] D.M. Thomas, *Charlotte, l'ultimo viaggio di Jane Eyre*, Milano, Baldini & Castoldi, 2001, p. 185.
[36] Jean Rhys, *Il grande mare dei Sargassi*, Milano, Adelphi, 1980, p. 191.
[37] Bianca Pitzorno, *La bambinaia francese*, Milano, Mondadori, 2004, p. 310.
[38] *Ivi*, p. 336.

[...] Lei si è messa ad urlare ed è saltata giù, e un istante dopo si è sfracellata a terra.[39]

Spesso viene detto della pelle scura di Bertha (proviene dalle colonie), del suo volto arrossato e gonfio, dei suoi occhi allucinati, della sua violenza animalesca, vampiresca e diabolica, dei suoi capelli lunghi e neri che le coprono il volto e che sembrano quasi essere elettrizzati, al vagare di Bertha a piedi nudi. Anche in *Il grande mare dei Sargassi* le donne pazze (sia Antoinette che la madre Annette) vengono descritte a piedi nudi:

> Ricordo il vestito che indossava [Annette]: un vestito da sera molto scollato, e aveva i piedi nudi.[40]

> I capelli le pendevano scomposti e opachi sugli occhi, che erano fissi e iniettati di sangue, la sua faccia era tutta rossa e sembrava gonfia. Era scalza. Ma quando parlò, la sua voce era bassa, si stentava ad udirla.[41]

A differenza di *Jane Eyre* della Brontë che ci dà un punto di vista occidentale, bianco, europeo, in *Il grande mare dei Sargassi* viene data voce alla comunità creola bianca che vive in Giamaica, isola a maggioranza nera. Quest'ultimo romanzo ci informa delle motivazioni che hanno condotto Antoinette alla pazzia. L'origine della sua malattia è da ricercare nella tragica fuga dalla casa di Coulibri incendiata dai neri, nella morte del fratello e la pazzia della madre, nell'alcolismo, e nei maltrattamenti ricevuti da Rochester. È da ricercare soprattutto nella sua progressiva perdita d'identità operata da Rochester che l'ha privata della sua casa, del suo paese e persino del suo nome. A partire dalla luna di miele Rochester è sempre più consapevole della pazzia della moglie e, nel tentativo di controllarla, le cambia nome cominciando a

---

[39] Charlotte Brontë, *Jane Eyre*, Milano, Mondadori, 2007, p. 507.
[40] Jean Rhys, *Il grande mare dei Sargassi*, Milano, Adelphi, 1980, p. 142.
[41] *Ivi*, p. 156.

chiamarla Bertha. Antoinette non vuole essere chiamata Bertha e si ribella:

> «Non ridere in quel modo, Bertha»
> «Non mi chiamo Bertha, perché mi chiami Bertha?»
> «Perché è un nome che mi piace in modo particolare. Tu per me sei Bertha»
> «Non ha importanza» disse lei.[42]

Alcune pagine più avanti la questione del nome viene riproposta:

> Quando mi volsi dalla finestra, vidi che stava bevendo di nuovo.
> «Bertha» dissi
> «Non mi chiamo Bertha. Stai cercando di trasformarmi in un'altra, chiamandomi con un altro nome».[43]

Rochester priva sua moglie anche del suo nome e questo sarà un ulteriore elemento che provocherà la progressiva perdita d'identità di Antoinette e la sua pazzia. La perdita del nome di Antoinette in un certo senso fa pensare alla pratica diffusa nelle Americhe secondo la quale i neri, provenienti dall'Africa e inseriti nelle piantagioni, perdevano il loro nome e venivano chiamati o con dei soprannomi spesso offensivi o col nome stesso del padrone della piantagione. La perdita del nome rappresenta la menomazione e la svilimento più grave dell'identità umana.

Daniel Cosway, il fratellastro di colore di Antoinette, avverte Rochester per mezzo di una lettera che la madre di sua moglie era pazza e che, con molta probabilità, anche sua moglie avrebbe fatto la stessa fine. Daniel Cosway riconduce la pazzia direttamente al ramo femminile della razza creola bianca e all'alcolismo. In questo senso la razza creola bianca, minoranza

---

[42] *Ivi*, p. 143.
[43] *Ivi*, p. 157.

sull'isola, viene connotata negativamente come inferiore alla razza nera e in un certo senso deviata e propensa alla pazzia.

Il personaggio di Bertha è completamente rivisto dalla Pitzorno nel suo romanzo *La bambinaia francese*. Per gran parte dell'opera siamo propensi a credere che Bertha non sia altro che una bambina immaginaria creata dalla piccola Adèle. Verso il termine della storia si scoprirà, invece, che è la prima moglie del signor Rochester, una donna pazza che era stata rinchiusa a Thornefield. Non abbiamo vere e proprie descrizioni di Bertha, quel poco che sappiamo viene raccontato direttamente dalla piccola Adèle in una serie di lettere sconnesse e frammiste di termini inglesi che indirizza alla madre, Céline Varens. Adèle racconta che Bertha spesso dice le parolacce, urla, getta le cosa a terra e sporca il tappeto. Ha dunque un atteggiamento anomalo e ribelle. Il fatto che dica parolacce è completamente in linea con il personaggio di Bertha in *Il grande mare dei Sargassi*. Anche in questo romanzo Bertha in Inghilterra ha sempre freddo e desidera scappare dal posto in cui è stata rinchiusa:

> Bertha dice che ce ne dobbiamo scappare insieme per andare in un'isola dove i fiori sono grandissimi, gli uccelli parlano, c'è sempre il sole, e le bambine possono camminare scalze sulla sabbia.[44]

Rilevante è il passo in cui in *La bambinaia francese* Adèle rivela a Sophie che Bertha non è una bambina immaginaria, ma una donna in carne ed ossa:

> Bertha non è una bambina» ha singhiozzato Adèle, allontanando bruscamente la testa dal pettine. «Non ti ho mai detto che è una bambina. È una signora. E non è una immagine nell'aria come dici tu. Te la faccio vedere io se esiste.[45]

---

[44] Bianca Pitzorno, *La bambinaia francese*, Milano, Mondadori, 2004, p. 320.
[45] *Ivi*, p. 310.

Una volta presa coscienza dell'esistenza di Bertha, Grace Poole racconta a Sophie la storia di Bertha, della sua pazzia e della reclusione a Thornefield Hall. Sophie sente di non essersi occupata al meglio di Adèle, lasciandola vagare nel castello e giocare con una pazza che avrebbe potuto farle del male, ma Grace Poole osserva:

> [I] pazzi non sono mai aggressivi con i bambini, e
> [...] anzi i piccoli sono gli unici in grado di
> calmare le furie della sua paziente[Bertha].[46]

L'amicizia tra Adèle e Bertha, tra bambina e pazza, è dunque possibile sulla base di una loro comune vicinanza allo stato di natura piuttosto che allo stato di cultura. Adèle, nella sua fase infantile, e Bertha, nella sua fase bestiale-animalesca, condividono una certa vicinanza alla natura primigenia e involuta e proprio per questo Bertha non può far del male ad Adèle. Ed è questa la spiegazione che dà Grace Poole. Il personaggio di Bertha in *La bambinaia francese,* tuttavia, non è connotato in maniera particolarmente negativa e non sottolinea la sua aggressività bestiale e demoniaca, come lo è in *Il gran mare dei Sargassi.* La pazzia di Bertha sembra, se vogliamo, meno grave e meno pericolosa di quella che viene descritta dalla Brontë e dalla Rhys. Al termine del romanzo Toussaint, Sophie ed Adèle fuggono da Thornefield portando con loro Bertha, salvandola dalla sua prigionia.

> Olympe dichiara di essere sicura che Bertha non
> è pazza, e che le sue crisi di violenza e di
> aggressività sono le reazioni più logiche e
> ragionevoli a una prolungata e ingiusta
> prigionia.[47]

---

[46] *Ivi*, p. 462.
[47] *Ivi*, p. 469.

Dunque in *La bambinaia francese* probabilmente Bertha non è neanche del tutto pazza e i suoi comportamenti strani deriverebbero direttamente dalla sua reclusione nel castello. C'è una certa comprensione nei confronti di Bertha nel romanzo della Pitzorno, cosa che manca invece in *Jane Eyre*. Non a caso il rogo di Thornefield in *La bambinaia francese* non è originato da Bertha bensì da Grace Poole che, a causa di un errore, lascia cadere a terra una candela. La figura di Bertha come dea delle fiamme, consacrata in *Jane Eyre*, sembra venire meno nel testo della Pitzorno. Anche in *Charlotte, l'ultimo viaggio* sembra che la pazzia di Bertha non sia così grave come ci viene descritta dalla Brontë o dalla Rhys:

> E Bertha non era sempre pazza. A volte poteva essere del tutto sana, come voi e me, per settimane di fila; e in quei periodi riusciva a essere una buona compagnia. Peggiorò molto nell'ultimo anno, o giù di lì. Fino ad allora, non si era mai liberata e non aveva mai attaccato nessuno.[48]

Soprattutto ci viene detta la causa della pazzia di Bertha, che non corrisponde alle cause che ci ha narrato la Rhys in *Il grande mare dei Sargassi*. La causa della pazzia di Bertha in *Charlotte, l'ultimo viaggio* è la lontananza da suo figlio, Richard, che ha dovuto abbandonare alla nascita ai Caraibi per volere di Rochester:

> Nei momenti di lucidità, Bertha soffriva molto per il figlio.[49]

C'è un unico accenno in *Jane Eyre* alla lucidità di Bertha:

---

[48] D.M. Thomas, *Charlotte, l'ultimo viaggio di Jane Eyre*, Milano, Baldini & Castoldi, 2001, p. 169.
[49] *Ivi*, p. 70.

Aveva intervalli di lucidità – giorni, a volte
settimane – che riempiva insultandomi.[50]

In *La bambinaia francese*, in seguito alla fuga da Thornefield, Bertha
si comporta bene e non mostra atteggiamenti aggressivi e violenti
e dopo poco tempo la sua salute si ristabilisce completamente. Se
in *Jane Eyre* la guarigione di Bertha, donna pazza e crudele
dall'eros sfrenato, violenta e aggressiva, è qualcosa d'impossibile,
in *La bambinaia francese* è possibile grazie alla presenza di
personaggi positivi e a lei amici quali Toussaint, Sophie, Adèle e
Céline che l'aiutano a ristabilirsi. I quotidiani riportano la notizia
che Bertha è morta nell'incendio, in realtà è Grace Poole che è
rimasta intrappolata dalle fiamme nel castello e lì ha trovato la
morte. Con questo stratagemma Rochester riesce a liberarsi della
prima moglie e a sposare Jane Eyre. Nel tentativo di facilitare la
guarigione di Bertha, Toussaint, Sophie e Céline decidono di darle
un nome provvisorio che le consenta di staccarsi dal suo stato di
reclusione e di sottomissione. Le danno il nome di Agnes Priscilla
Drummond, nome che Bertha conserva con piacere una volta
guarita. In questo romanzo viene fatto, per quanto concerne il
nome di Bertha, un procedimento contrario rispetto a *Il grande
mare dei Sargassi*. In *Il grande mare dei Sargassi* Antoinette Cosway
viene privata del suo nome dal marito che, nel tentativo di
indebolirla, la spoglia della sua identità e la chiama Bertha. In *La
bambinaia francese*, per cercare di ridare a Bertha la sua identità, di
farla riprendere e guarire, di farla sentire nuovamente una donna
libera, Toussaint e Sophie le danno un nome provvisorio con il
quale potrà ritornare a vivere, dimenticando gli anni difficili di
reclusione a Thornefield. Nel primo caso il nome di Bertha serve
a spersonalizzarla, a farle perdere ciò che le è rimasto e questo la
condurrà alla pazzia; nel secondo caso il nome di Bertha viene
abbattuto e sostituito con un nuovo nome che le consentirà di
guarire dai suoi disturbi e di instaurare una nuova vita. In *Il grande
mare dei Sargassi* l'assegnazione del nome "Bertha" viene a

---

[50] Charlotte Brontë, *Jane Eyre*, Milano, Mondadori, 2007, p. 364.

significare, simbolicamente, la follia e l'impossibilità di un ritorno alla felicità, mentre in *La bambinaia francese* l'abolizione del nome "Bertha" viene a significare una sorta di rinascita e l'apertura speranzosa a una nuova vita felice.

Di Bertha viene detto poco niente nel romanzo *Charlotte, l'ultimo viaggio di Jane Eyre* di D.M. Thomas. Il romanzo inizia in seguito al rogo di Thornefield, il ferimento di Rochester e la morte di Bertha. Tutte le parti del romanzo che fanno riferimento a Bertha narrano dunque qualcosa che è accaduto in passato, dato che lei è morta nel rogo di Thornefield Hall.

In conclusione possiamo dire che l'immagine di Bertha per certi aspetti è comune nei diversi romanzi analizzati mentre alcuni degli elementi che la contraddistinguono sono presenti solo in determinati romanzi. In tutti si fa riferimento alla sua pazzia e in maniera particolare in *Jane Eyre* e in *Il grande mare dei Sargassi* si sottolinea la vicinanza tra Bertha e il mondo animale ed addirittura l'universo spettrale e vampiresco. In tutti è presente il tema del fuoco che viene però accentuato in *Jane Eyre* e che risulta affievolito nel caso di *Charlotte, l'ultimo viaggio* e *La bambinaia francese*. In quest'ultimo ad appiccare l'incendio non è neppure Bertha ma è Grace Poole. In *Il grande mare dei Sargassi* si sottolinea anche l'alcolismo e l'eros sfrenato di Bertha. Infine è interessante analizzare i punti di vista. In *Jane Eyre* la prima immagine di Bertha ci viene fornita dalla descrizione fatta da Jane, seguita dalla storia di Bertha fatta da Rochester. In *Il grande mare dei Sargassi* la storia di Antoinette (Bertha) viene narrata da lei stessa ed in parte da suo marito Rochester. In *La bambinaia francese* si narra la storia d'amicizia tra la piccola Adèle e Bertha, dunque la descrizione di Bertha viene prima fatta da Adèle e in seguito anche da Sophie. La narrazione di *Charlotte, l'ultimo viaggio* inizia quando Bertha è già morta e viene descritta dalla sua guardiana, Grace Poole, che condivide e comprende le sofferenze di Bertha, provandone addirittura pietà. Un mosaico di sfaccettature nella figura di Bertha Mason o se volete Antoinette Cosway, Agnes Priscilla

Drummond, Antoinette Mason o semplicemente la prima moglie di Rochester.

II

"I FEEL MAROONED": COLONIE, DIFFERENZE RAZZIALI ED EMANCIPAZIONI

> *Until justice is blind to color, until education is unaware of race, until opportunity is unconcerned with the color of men's skins, emancipation will be a proclamation but not a fact.*[51]

Questa parte è dedicata all'analisi del tema coloniale e razziale presente nella tradizione letteraria di *Jane Eyre*. Si prenderà in considerazione lo schiavismo, le ribellioni dei neri, l'emarginazione della razza creola, l'ottenimento dell'emancipazione nelle colonie che sono d'interesse per quanto concerne i romanzi in questione: la Giamaica (Bertha), Haiti (Toussaint), la Martinica (Christophine ed Annette di *Il grande mare dei Sargassi*; Jane Eyre in *Charlotte, l'ultimo viaggio*) e la Dominica (la scrittrice Jean Rhys).

Nella narrativa di Charlotte Brontë le colonie rappresentano un tema molto importante. Le eroine di *Shirley* (1849) e di *Villette* (1853) sono entrambe paragonate a persone che non appartengono alla razza bianca, che sperimentano la forza dell'imperialismo europeo. Il tema della razza viene spesso utilizzato dalla Brontë per mettere in luce la subordinazione femminile, l'oppressione e la rabbia della donna nei confronti degli uomini e delle classi elevate. E' presente una certa simpatia per l'oppresso (la donna povera, l'orfano, lo schiavo), ma d'altro canto anche una visione etnocentrica a favore della razza bianca.

---

[51] Frase pronunciata da Lyndon B. Johnson (1908-1973), trentaseiesimo presidente degli Stati Uniti d'America.

La Brontë iniziò a scrivere *Jane Eyre* nel 1846, otto anni prima dell'ottenimento dell'emancipazione degli schiavi nelle Indie Occidentali Britanniche, avvenuta nel 1838. Nel momento in cui scrisse il romanzo, dunque, l'emancipazione e la recente partecipazione britannica ai diritti degli schiavi erano, senza dubbio, questioni che appartenevano alla coscienza nazionale del paese. Gli eventi principali del romanzo sono ambientati in un tempo precedente all'emancipazione. I tentativi di Bertha di fuoriuscire dalla stanza nella quale è stata imprigionata possono essere considerati metaforicamente come dei chiari segni della lotta per l'emancipazione della razza nera. Bertha è inoltre strettamente legata al tema del fuoco e, seppure non appartiene alla razza nera, ma alla razza creola bianca, va ricordato che spesso i neri utilizzavano gli incendi e i roghi per bruciare proprietà di schiavisti o semplicemente per segnalare ribellioni in atto. La figura dello schiavo è spesso associata a quella della donna dal momento che in età vittoriana le donne vivevano una vita completamente oppressa e fatta di obblighi e divieti imposti dall'uomo. Nel testo della Brontë, tuttavia, la donna non è collegata allo schiavo per la sua inferiorità, ma per la sua condizione di oppressione.

Nel romanzo Rochester è fortemente legato all'esotico e allo schiavismo. Ha vissuto in Giamaica per quattro anni, ha sposato Bertha, una donna creola giamaicana, ottenendo da lei una cospicua dote che, senza dubbio, è il frutto del lavoro di schiavi neri. Nel romanzo ci sono delle parti in cui Rochester narra a Jane del suo viaggio in Giamaica, del suo matrimonio con Bertha e del fatto che non riuscisse a sopportare il clima afoso e l'ambiente opprimente. Mentre ci sono molti elementi coloniali che si legano a Rochester, ne abbiamo solamente due che si legano a Jane Eyre e non vengono resi in maniera esplicita. Nel romanzo si dice che Jane scrive su di un taccuino rilegato in marocchino con un inchiostro indiano e all'apertura del romanzo, quando Jane si nasconde dietro le tende della finestra per leggere il libro di Bewick, viene detto che incrocia le gambe alla maniera turca. Sebbene l'eredità dello zio morto, John Eyre di Madera, le consenta di giungere alla sua emancipazione e all'indipendenza economica tanto da permetterle di sposarsi con Rochester, probabilmente quei soldi derivano dall'attività di mercante di schiavi dello zio deceduto.

La permanenza di Jane a Thornefield sembra immergerla in un clima totalmente inglese ed europeo fino a quando non arriva al castello un certo signor Mason che proviene dalle Indie Occidentali. Jane capisce subito dal suo aspetto che non si tratta di un inglese, osserva infatti:

> Aveva modi cortesi; il suo accento mi colpì per qualcosa di insolito: non esattamente straniero, eppure non pienamente inglese; poteva avere l'età del signor Rochester, fra i trenta e i quaranta; aveva la carnagione molto scura.[52]

Poco dopo Jane viene a conoscenza del fatto che il tenebroso personaggio di Rochester conosce il signor Mason e le Indie Occidentali, perché ci ha vissuto per un periodo e per lei questa cosa è abbastanza strana:

> Appresi così che il nuovo venuto si chiamava Mason, che era appena sbarcato dall'Inghilterra e che veniva da un paese caldo; era certamente per questo che aveva una carnagione così scura, e sedeva tanto vicino al fuoco e teneva il soprabito in casa. Poi i nomi Giamaica, Kingston, Spanish Town rivelarono che la sua residenza era nelle Antille; poco dopo, mi stupì molto apprendere che proprio là aveva conosciuto per la prima volta il signor Rochester.[53]

Lo stesso stupore di Jane Eyre dinanzi alla notizia trapela anche in *La bambinaia francese*:

---

[52] Charlotte Brontë, *Jane Eyre*, Milano, Mondadori, 2007, p. 221.
[53] *Ivi*, pag. 223.

Miss Jane è rimasta colpita anche da una frase del nuovo arrivato [Mr. Mason] che ha detto di aver conosciuto Mr. Rochester a Spanish Town.[54]

Il personaggio di Mr. Mason lo ritroviamo nella scena del matrimonio tra il signor Rochester e Jane Eyre che viene interrotto dal legale di Mr. Mason in virtù di un impedimento che non consente a Rochester di sposarsi in quanto si è già sposato anni prima con la sorella di Mason che tiene segregata in casa. Una volta svelato il mistero di Bertha, Jane capisce di essere stata ingannata e decide di lasciare Thornefield, ma prima che lo faccia, Rochester racconta la sua storia difficile e il suo matrimonio combinato con Bertha in Giamaica.

Quando lasciai gli studi venni inviato in Giamaica a sposare una donna che era già stata corteggiata a mio nome. […] Vidi [infatti] che era bella, del tipo di bellezza di Blanche Ingram: alta, bruna, maestosa. La sua famiglia era ansiosa di catturarmi perché ero di buona razza […] La vidi raramente da sola, ed ebbi pochissime conversazioni a tu per tu con lei. […] Non provavo amore per lei, non potevo stimarla, neppure la conoscevo.[55]

Rochester spiega a Jane di essersi accorto solo in seguito alla luna di miele che sua moglie era pazza, così come sua madre e che quindi il padre e il fratello lo avevano ingannato. Poi era vissuto alcuni anni sull'isola e in seguito alla morte del padre e del fratello, avendo ereditato tutte le loro ricchezze, aveva deciso di ritornare in Inghilterra con la pazza e rinchiuderla in una stanza del castello:

«Va» mi disse la speranza «torna a vivere in Europa, dove ignorano come sia insozzato il tuo

[54] Bianca Pitzorno, *La bambinaia francese*, Milano, Mondadori, 2004, p. 373.
[55] Charlotte Brontë, *Jane Eyre*, Milano, Mondadori, 2007, p. 359

nome, quale laido fardello sia legato a te. Porta
con te in Inghilterra la pazza; rinchiudila con la
dovuta assistenza e le necessarie precauzioni a
Thornefield: poi viaggia dove preferisci e forma
un nuovo legame».[56]

In *Il gran mare dei Sargassi* Rochester, stanco della stranezza e della
pazzia della moglie, infastidito dai servi che lo ingannano e
dall'ambiente perturbante e minaccioso, decide di lasciare
l'Inghilterra assieme a Bertha:

> Ero stanco di quella gente. Detestavo tutto di
> loro, il riso e le lacrime, l'adulazione e l'invidia, la
> vanità e gli inganni. E odiavo quel posto. Odiavo
> le montagne e le colline, i fiumi e la pioggia.
> Odiavo i suoi tramonti qualunque colore
> avessero, odiavo la sua bellezza e la sua magia e il
> segreto che non avrei mai conosciuto. Odiavo la
> sua indifferenza e la crudeltà che faceva parte del
> suo incanto. Soprattutto odiavo lei. Perché lei
> apparteneva a quella magia e a quell'incanto. Mi
> aveva lasciato assetato e tutta la mia vita sarebbe
> stata sete e desiderio di ciò che avevo perduto
> prima ancora di trovarlo. Cosi galoppammo via e
> lo lasciammo – quel luogo segreto[57].

In *Charlotte, l'ultimo viaggio* di D.M. Thomas Rochester,
consapevole della pazzia e dell'eros sfrenato della moglie, decide
di lasciare la Martinica per tornare in Inghilterra, lasciando il loro
figlio, Robert, sull'isola:

> Quando scoprì gli amanti della moglie, il padrone
> uscì anch'egli di senno, perché era sempre
> innamorato di lei, la voleva solo per sé; e a volte
> si sentiva la padrona che rideva, che lo stuzzicava
> con le sue conquiste. E fu allora che lui decise di

---

[56] *Ivi*, pp. 363-364
[57] Jean Rhys, *Il gran mare dei Sargassi*, Milano, Adelphi, 1980, p.186

portarla in Inghilterra, e di lasciarsi alle spalle quel
diavolo di bambino.[58]

In *Jane Eyre* abbiamo anche altri due personaggi che sono legati
all'esotico e alle colonie: John Eyre di Madera e St. John Rivers.
Dello zio di Jane, John Eyre di Madera, non ci viene detto molto;
sappiamo della lettera che inviò alla zia Reed per poter adottare la
nipote ma la zia gli rispose dicendo che Jane era morta a Lowood:

> Signora,
> vogliate avere la bontà di mandarmi l'indirizzo di
> mia nipote Jane Eyre e di dirmi come sta: intendo
> scriverle tra poco tempo e chiederle di venire da
> me a Madera. La Provvidenza ha benedetto i miei
> sforzi per ottenere l'agiatezza; e, non avendo né
> moglie né figli, desidero adottarla e lasciarle alla
> mia morte tutto quello che avrò.
> Sinceramente vostro,
> John Eyre, da Madera[59].

A Moor House, St. John Rivers scopre che Jane Eyre è sua cugina
e rimane stupito di vedere che suo zio, John Eyre di Madera,
morendo, ha lasciato tutto a Jane Eyre:

> «Soltanto dirvi che vostro zio, il signor Eyre di
> Madera, è morto; che vi ha lasciato tutti i suoi
> beni, e che adesso siete ricca: soltanto questo,
> nient'altro»
> «Io! Ricca!»
> «Sì, voi, molto ricca: un'ereditiera».[60]

L'eredità dello zio consentirà a Jane di uscire dalla sua condizione
di inferiorità e, alla fine, di sposare Rochester. Nel finale
dell'opera Jane, ritrovato Rochester nella tenuta di Ferndean,

---

[58] D.M. Thomas, *Charlotte – L'ultimo viaggio di Jane Eyre*, Milano, Baldini &
Castoldi, 2001, p. 182.
[59] Charlotte Brontë, *Jane Eyre*, Milano, Mondadori, 2007, p. 278
[60] *Ivi*, pp. 450-451.

insiste sul fatto che ora ha raggiunto la sua indipendenza economica e dunque è pronta a sposarlo su di uno stesso piano sociale:

> «Sono una donna indipendente adesso»
> «Indipendente! Che cosa vuoi dire?»
> «E' morto il mio zio di Madera e mi ha lasciato cinquemila sterline».[61]

Tuttavia quel denaro probabilmente proviene dal lavoro di suo zio come schiavista nell'isola di Madera. L'arcipelago di cui Madera (Madeira) fa parte, appartiene al territorio insulare portoghese. Si trova a circa 500 km dal nord-ovest della costa africana. Durante il periodo coloniale l'economia di Madera si basava sulla massiccia presenza di piantagioni di canna da zucchero e Madera rappresentava la tappa intermedia nella tratta degli schiavi secondo il tragitto: Africa-Madera-Nuovo Mondo. Questa informazione avalla la teoria che lo zio di Jane sia uno schiavista o, in qualche modo, collegato all'economia delle piantagioni della canna da zucchero con un forte impiego di manodopera nera.

L'altro personaggio legato al colonialismo, seppur in modo diverso, è St. John Rivers. È il cugino di Jane che, assieme alle sue due sorelle, la ospita a Moor House. St. John Rivers è un pastore calvinista sempre intento a scrivere sermoni e ad un certo punto della storia, dopo aver osservato la grande dedizione di Jane, le propone di sposarlo e di andare in India come missionaria assieme a lui. Jane rifiuta la sua proposta di matrimonio perché St. John Rivers non la ama e il matrimonio gli servirebbe solo per poter andare con lei in India come missionario. Nella figura del missionario possiamo vedere una sorta di colonizzatore religioso, intento a estirpare pregiudizi e credenze pagane. L'obiettivo di St. John Rivers è quello di convertire nuove popolazioni alla sua

---

[61] *Ivi*, p. 514.

religione, ovviamente nel far questo è insita l'idea di una certa superiorità della razza che rappresenta:

> L'unica gloriosa ambizione di migliorare la loro razza, di portare la conoscenza nel regno dell'ignoranza, di sostituire la pace alla guerra, la libertà alla schiavitù, la religione alla superstizione, la speranza del cielo alla paura dell'inferno.[62]

Il tema coloniale, già abbondantemente presente in *Jane Eyre*, viene riproposto ed enfatizzato secondo certi aspetti nel romanzo della Pitzorno. In *La bambinaia francese* spesso si parla di colonie, delle Indie Occidentali, dello schiavismo e dell'emancipazione ed il personaggio che è più legato a questi elementi è Toussaint. Toussaint è un povero ragazzo di colore nato a Cuba che ha avuto un'infanzia difficile. È uno schiavo ed in quanto tale è considerato come oggetto e dunque viene venduto e comprato fino a che non arriva a Parigi, nella casa della signora Céline Varens dove trova protezione e conforto. Nel corso del romanzo è lo stesso Toussaint che spiega alla protagonista, Sophie, che l'origine del suo nome deriva dal nome di un importante ribelle e indipendentista haitiano, Toussaint Louverture:

> Scoppiò la Rivoluzione degli schiavi e i nostri fratelli negri fondarono la Repubblica di Haiti, battezzandola con l'antico nome dell'isola. La prima repubblica dell'America Meridionale! Mia madre mi ha chiamato Toussaint in onore dell'eroe che ha guidato gli schiavi haitiani alla conquista dell'indipendenza, Toussaint Louverture.[63]

Per poter capire l'importanza di questo personaggio storico è necessario parlare del contesto storico coloniale caraibico legato

---

[62] *Ivi*, pp. 441-442.
[63] Bianca Pitzorno, *La bambinaia francese*, Milano, Mondadori, 2004, pp. 59-60.

alle colonie francesi. La rivoluzione francese, ampiamente richiamata nel romanzo soprattutto nei personaggi del padre di Sophie e del Cittadino Marchese, abolì la discriminazione razziale e soprattutto la schiavitù nelle colonie francesi (Martinica[64], Guadalupa, Saint-Domingue ossia l'attuale Haiti). Nelle colonie la società era costituita in maniera piramidale: i *planteurs* (piantatori), proprietari bianchi delle piantagioni tra i quali i più ricchi vivevano direttamente in Francia e controllavano le loro terre tramite gli amministratori locali; i *petits blancs* (bianchi poveri) che appartenevano alla classe medio-bassa; i *gens de coleur* (meticci) che erano figli di discendenti proprietari bianchi e delle loro schiave di colore ed erano solitamente superiori ai *petit blancs* in ricchezza ed istruzione, ma subivano delle discriminazioni, ad esempio non potevano ricoprire cariche pubbliche e determinate professioni. Alla vigilia della rivoluzione francese erano attive in Francia due associazioni che esprimevano punti di vista ed interessi contrastanti: gli abolizionisti e gli schiavisti. La *Société des Amis des Noirs* fondata nel 1788 alla quale facevano parte tra gli altri, La Fayette e il Marchese di Condorcet era a favore dell'abolizionismo e dell'emancipazione dei neri. La lobby schiavista era invece guidata da Moreau de Saint-Méry, piantatore della Martinica. Nel 1794 una delegazione costituita da Jean-Baptiste Belley, Pierre Dufay e J. B. Mills approvò il decreto di abolizione della schiavitù in tutte le colonie francesi. Nella rivolta degli schiavi di Saint-Dominigue (attuale Haiti) ci fu una persona di spicco, François Dominique Toussaint detto Toussaint Louverture (1743-1803) che riuscì con il suo grande impegno a far trasformare una piccola rivolta in una vera e propria rivoluzione. Nacque nel 1743 come schiavo di colore. Nel 1793 comandava una sua truppa di rivoltosi e due anni più tardi

---

[64] In *Il gran mare dei Sargassi* viene detto che la madre della protagonista Antoinette, Annette, e la governante Bessie sono originarie della Martinica e per questo hanno come lingua madre il francese, anche se poi nel corso della storia si trovano a vivere in Giamaica che è invece un'isola di dominazione inglese.

ricevette il grado di generale di brigata. Negli anni successivi fu nominato luogotenente governatore. Nel 1797 costrinse Léger Félicité Sonthonax a ritirarsi in Francia, pur continuando a riconoscere la Repubblica Francese e, di fatto, divenne il padrone indiscusso dell'isola. A partire dalla rivoluzione francese che si fondava sugli ideali di Libertà, Fratellanza e Uguaglianza anche nei territori coloniali si diffusero ventate indipendentiste. Ci furono numerose ribellioni e nel 1791 il governo francese per mezzo dell'Assemblea Nazionale Francese concesse i diritti politici a tutti i mulatti e neri nati liberi (senza mutare lo status di coloro che erano ancora schiavi). La ribellione scoppiata nel 1791 e capeggiata da Toussaint Louverture si diffuse ampiamente sull'isola. I rivoltosi ebbero la meglio sul governo francese e quest'ultimo abolì la schiavitù nel 1794. L'esercito di Toussaint sconfisse le truppe di invasione britanniche e spagnole. Con la restaurazione Napoleone abolì la schiavitù dei neri nelle colonie. Tradito e torturato, Toussaint morì in una prigione francese nel 1803. Le sue rivolte non furono inutili. Alla sua morte i moti rivoluzionari vennero portati avanti da Jean-Jacques Dessalines (1758-1806) e il 1 Gennaio 1804 l'ex colonia dichiarò la sua indipendenza divenendo così il secondo paese americano, dopo gli Stati Uniti, a dichiararsi indipendente. Dessalines fondò l'impero di Haiti e si proclamò imperatore con il nome di Jacques I. Molti storici sostengono che la rivoluzione haitiana abbia ispirato molte altre rivoluzioni di schiavi nei Caraibi. Nel 1806 Dessalines venne assassinato durante una lotta di potere tra rivali politici e Haiti venne divisa in due stati: a sud una repubblica fondata da Alexandre Pétion (1770-1818) il quale viene ricordato come primo presidente della repubblica di Haiti e a nord un regno sotto il dominio del monarca Henri Christophe (1767-1820). Nel 1820, a seguito di una serie di rivolte, il re Christophe si suicidò e con la sua morte i due territori dell'isola vennero riunificati con il nome di repubblica di Haiti, sotto la guida di Jean-Piette Boyer (1776-1850) che invase successivamente la colonia spagnola di Santo Domingo riunificando così l'isola di

Hispaniola; Santo Domingo rimase sotto il dominio haitiano sino al 1844 quando ottenne l'indipendenza con il nome di Repubblica Dominicana. Nel 1915 gli Usa occuparono Haiti ed imposero una costituzione. L'occupazione statunitense fu positiva per l'economia di Haiti, ma provocò una centralizzazione del potere politico ed economico e terminò nel 1934 quando gli americani lasciarono l'isola nelle mani della minoranza mulatta.

Gli schiavi spesso deportati in varie isole dei Caraibi vennero a contatto con una situazione di plurilinguismo. Spesso conoscevano il francese e l'inglese o lo spagnolo in aggiunta ad una lingua indigena creola. Tale condizione di plurilinguismo contraddistingue anche il personaggio di Toussaint:

> Io conoscevo lo spagnolo, perché ero nato a Cuba, e il francese, che si parlava nella famiglia dei miei padroni. Ma in Giamaica parlano inglese, che per me allora era una lingua sconosciuta.[65]

In *Charlotte, l'ultimo viaggio* di D.M. Thomas sono numerosi i riferimenti alle lingue parlate sull'isola. Robert Rochester, figlio di Edward Rochester e Bertha che vive in Martinica, in una lettera scrive:

> Andavo a messa regolarmente nella cattedrale, dove divenni famoso, come un negro che non solo sapeva parlare bene il francese, ma sapeva leggerlo! E che sapeva anche parlare inglese, e conosceva perfino il latino![66]

In alcuni punti del romanzo si fa riferimento al francese creolo, ciò che in *Il gran mare dei Sargassi* viene chiamato *patois* o dialetto martinicano:

[65] Bianca Pitzorno, *La bambinaia francese*, Milano, Mondadori, 2004, p. 61.
[66] D.M. Thomas, *Charlotte – L'ultimo viaggio di Jane Eyre*, Milano, Baldini & Castoldi, 2001, p. 178.

> Il francese creolo di Emile era al limite estremo
> della mia comprensione; comunque, riuscii a
> parlare quanto bastava per farle capire che ero
> venuta a cercare un giovane bianco, che un
> tempo era vissuto lì.[67]

In *Il gran mare dei Sargassi* si dà grande importanza all'oralità piuttosto che alla scrittura. Ci sono diverse varietà linguistiche parlate e molto sottolineate: inglese, francese, *patois* (varietà di francese indigeno), il *patois* misto di inglese parlato dai creoli bianchi, l'inglese scorretto parlato dai neri. La lunga lettera di Daniel Cosway è scritta in un inglese magniloquente, artificioso, ma allo stesso tempo scorretto. Per quanto riguarda il linguaggio orale il personaggio di Christophine risulta molto importante. Christophine parla molto, canta, racconta storie ed ha una grande capacità narrativa.

Gli ex schiavi, neri o creoli, sradicati dal loro ambiente tropicale e caraibico e condotti in Europa, vivono uno stato di spossamento e di alienazione:

> Dopo quattro anni d'inferno lo sposo oltraggiato,
> infelice ai limiti del suicidio, si sarebbe deciso a
> portare in Inghilterra la moglie, che nel frattempo
> era diventata completamente pazza.[68]

Laddove il trasferimento forzoso della moglie creola o dell'ex schiavo nero in Europa non comporta la malattia e la pazzia dello stesso, questo è accompagnato da una profonda malinconia dell'ambiente nativo e familiare. In *La bambinaia francese* Toussaint dice:

> Ho nostalgia del caldo, della luce, dei colori, della
> musica. Ma non ho nostalgia della vita che facevo
> a Cuba o in Giamaica.[69]

---

[67] *Ivi*, p. 126.
[68] Bianca Pitzorno, *La bambinaia francese*, Milano, Mondadori, 2004, p. 467.
[69] *Ivi*, p. 67.

Dall'altra parte Rochester percepisce l'ambiente tropicale e le popolazioni autoctone come elementi perturbanti e minacciosi per la sua vita. In *La bambinaia francese*, riferendosi a Céline Varens, dice:

> Non mi piace che frequenti una creola. Ho le mie ragioni per non fidarmi di queste signore nate e cresciute nelle colonie del Nuovo Mondo. Anche se hanno la pelle bianchissima e discendono da una famiglia europea nobile, prima o poi salta fuori che sono state donne dissolute. Sarà il clima, sarà il tipo di educazione che ricevono in quelle case piene di negri. Guarda Josephine Beauharnais![70]

In *La bambinaia francese* il personaggio di Rochester è sempre velato di un profondo sentimento razzista e si contraddistingue per un comportamento chiaramente schiavista nei confronti della razza nera e creola che considera inferiore alla sua razza. Collega la donna che appartiene alla razza creola a una donna non seria, scialba e lussuriosa, non educata alla maniera inglese, portando come esempio anche il caso di Josephine Beauharnais (1763-1814) donna creola e prima moglie di Napoleone che nacque e visse nella colonia francese della Martinica dove la famiglia possedeva piantagioni di zucchero. Visse in Martinica fino al 1779 quando si sposò a Parigi con Alessandro di Beauharnais avendo da lui due figli. L'unione tra Alessandro di Beauharnais e Josephine ricalca quella tra Rochester e Bertha e di moltissimi altri europei con donne creole; Alessandro di Beauharnais, infatti, con il matrimonio ottenne l'eredità del padre di Josephine che venne accusata dal marito e dalla società francese di dissolutezza, impudicizia, promiscuità e lussuria. L'elemento dell'eros sfrenato ed aggressivo è spesso sottolineato nelle donne creole, così come in Bertha in *Jane Eyre*. La Beauharnais quando si separò dal

---

[70] *Ivi*, p. 146.

39

marito fece ritorno ai Caraibi dove erano in atto rivolte per l'emancipazione degli schiavi ecco perché ritornò in Francia dove, però, il suo ex marito venne ghigliottinato e lei stessa venne incarcerata e liberata solo dopo la caduta di Robespierre. Nel 1796 sposò Napoleone. Si narra che nei primi anni del matrimonio non fu fedele al marito e, in seguito, non avendo dato un erede maschio a Napoleone, questi la abbandonò.

Il Cittadino Marchese è il personaggio più legato alla ragione nel corso del romanzo delle Pitzorno. E' un fervente liberale e rivoluzionario ed è contro l'istituto monarchico. Il suo nome è abbastanza enigmatico. Nel momento della Grande Rivoluzione in Francia ogni titolo nobiliare venne dichiarato decaduto e tutti presero a chiamarsi "cittadino" per significare che dinanzi alla legge erano tutti uguali. Parlando del suo nome, Sophie osserva:

> Chiamare qualcuno "Cittadino Marchese", rifletté Sophie, a quei tempi sarebbe stata una vera contraddizione. E negli anni del Terrore avrebbe potuto costare la ghigliottina. Ma adesso che era stata restaurata la monarchia, e che i nobili avevano ripreso con orgoglio i loro titoli, nessun marchese avrebbe accettato l'appellativo rivoluzionario di "cittadino".[71]

Nelle fantasiose e bizzarre lezioni che il Cittadino Marchese dà a un nutrito gruppo di ragazzi spesso si parla della schiavitù. Il Cittadino Marchese sostiene che la schiavitù non è ancora stata abolita completamente e che un evidente esempio di questo fatto può essere visto in Toussaint. In base alle leggi del *Codice Nero*[72],

---

[71] *Ivi*, p. 115.

[72] Il *Code Noir* (*Codice Nero*) è una raccolta di articoli di legge promulgati nel 1685 sotto Luigi XVI di Francia concernenti le disposizioni sulla vita degli schiavi neri nelle colonie francesi. Il *Codice Nero* considera il "nero", "lo schiavo" come un oggetto, privo di diritti. La condizione di schiavo veniva ereditata dalla madre. Nel codice si descrivevano anche le modalità di punizione e di tortura per gli schiavi e si sottolineava l'importanza del battesimo cattolico e l'educazione cristiana. In *La bambinaia francese*, nella

elaborato da Jean-Baptiste Colbert (1619-1683), Toussaint, in quanto esponente nero, dovrebbe essere considerato come un oggetto, come un bene mobile e non un essere umano. Toussaint vive a casa di Céline Varens, ma suo marito, Rochester, «schifoso razzista» (dice Toussaint), non ha intenzione di firmare il suo atto di emancipazione. L'uomo europeo mostra una visione antropocentrica e razzista nei confronti della razza nera e creola e avvicina il "negro" ad un animale piuttosto che ad una persona. C'è un passo nel romanzo particolarmente interessante in cui il Cittadino Marchese fa riferimento alla schiavitù:

> [Thomas Jefferson[73], presidente degli Stati Uniti d'America] ha scritto che i neri non capiscono la logica, non hanno fantasia, non sanno apprezzare l'arte, non sono in grado di dipingere o scolpire, né di apprezzare la musica.[74]

Non solo Rochester in *La bambinaia francese* tratta Toussaint come schiavo in virtù della sua pelle di colore, ma anche ogni altro membro della servitù e addirittura la moglie Céline Varens. Secondo la legge inglese, infatti, al momento del matrimonio la donna, oltre a cedere tutte le sue ricchezze e l'eredità paterna, doveva obbedire a ogni obbligo imposto dal marito senza possibilità di ribellione. Ritornato da uno dei suoi misteriosi viaggi in Inghilterra, Rochester scopre che Céline è tornata a calcare il palcoscenico e si infuria con lei.

«Avete trasgredito ai miei ordini»

---

seconda parte del romanzo, in una delle lettere che Sophie scrive a Toussaint dice «Il *Codice Nero*, se ricordo bene, raccomanda ai padroni di far battezzare gli schiavi (che strana contraddizione far battezzare degli oggetti!) e si istruirli nella fede cattolica» (392).

[73] Thomas Jefferson (1743-1826) fu il terzo presidente degli Stati Uniti d'America, in carica dal 1801 al 1809. Fu un grande proprietario di piantagioni e di schiavi. Considerava la razza nera inferiore alla razza bianca caucasica.

[74] Bianca Pitzorno, *La bambinaia francese*, Milano, Mondadori, 2004, pp. 171-172.

«Sono vostra moglie, non sono la vostra schiava».[75]

La schiavitù venne abolita dal governo inglese nel 1833, in Francia e in Olanda nel 1848, negli Stati Uniti nel 1863, a Cuba e Portorico nel 1870 e il Brasile, ultimo ad abolire la schiavitù, lo fece nel 1888. Ad un certo punto nel romanzo *La bambinaia francese* si fa riferimento all'abolizione dello schiavismo in Inghilterra e nelle sue colonie. È il Cittadino Marchese a parlare:

> Quando il 29 giugno del 1833, il Parlamento inglese abrogò l'istituto giuridico della schiavitù, tutti gli ospiti di Céline esultarono, anche se in molti si lamentavano: "Quanti anni dovremo ancora aspettare noi francesi? – Grazie a quella legge anche tutti gli schiavi delle colonie che dipendevano dall'Inghilterra furono liberati.[76]

Allo stesso modo, in *Charlotte, l'ultimo viaggio* di D.M. Thomas, ambientato sull'isola della Martinica, si fa riferimento al fatto che l'emancipazione degli schiavi è stata ottenuta solo nelle isole britanniche mentre in quelle francesi ancora no:

> Pochi negri di quest'isola [Martinica] sono liberi, anche se non potranno trascorrere molti anni prima che i diritti, ormai garantiti nelle isole britanniche, vengano garantiti anche qui.[77]

Nel romanzo *La bambinaia francese*, oltre allo schiavismo nei confronti di neri e creoli, si fa riferimento in più punti alla dominazione maschile sull'universo femminile. Anche in questo caso si tratta di una forma di schiavismo e di privazione di libertà e diritti. In più punti del romanzo viene citata l'opera di Mary

---

[75] *Ivi*, p. 223.
[76] *Ivi*, p. 237.
[77] D.M. Thomas, *Charlotte, l'ultimo viaggio di Jane Eyre*, Milano, Baldini & Castoldi, 2001, p. 177.

Wollstonecraft (1759-1797), *A Vindication of the Rights of Women* (*Rivendicazione dei diritti della donna*), pubblicata nel 1792, che può essere considerata come uno dei primi scritti di filosofia femminista. Nel testo viene detto chiaramente che le donne hanno pari diritti degli uomini e la Wollstonecraft polemizza con Jean-Jacques Rousseau il quale nega che le donne debbano avere un'istruzione.

Un ulteriore elemento di schiavitù e di segregazione può essere visto nella prigionia e reclusione di Bertha Mason a Thornefield. Questa storia viene narrata in tutti i romanzi presi in considerazione seppur secondo modalità e prospettive diverse. Charlotte Brontë, scrittrice vittoriana chiude il suo romanzo con il rogo di Thornefield e la morte di Bertha quasi come per voler sottolineare che l'uomo bianco è capace di controllare la donna pazza creola solo con la prigionia o la morte. Gli altri due romanzi hanno finali più positivi, ma diversi fra di loro: *Il grande mare dei Sargassi* si conclude con un sogno che Bertha fa nel quale si vede appiccare un rogo nella tenuta di Thornefield. Quando si sveglia, sembra aver acquisito un briciolo di razionalità e dice di sapere che cosa intende fare. Così come nel sogno, aspetta che Grace Poole si addormenti, le prende la chiave e, munita di candela, lascia la stanza al terzo piano per scendere nelle stanze inferiori. Jean Rhys lascia il romanzo aperto per permette al lettore di chiudere la storia a seconda della sua volontà. Se decidiamo di lasciarci influenzare da Charlotte Brontë, allora sappiamo che Bertha incendierà il castello e morirà nel rogo, ma se decidiamo di non far morire Bertha, questa può anche incendiare Thornefield e causare la morte di Rochester. In questo modo il fuoco verrebbe a rappresentare un chiaro metodo per liberarsi dalla sua prigionia. Il finale di *La bambinaia francese* è completamente diverso e profondamente buonista. Bertha, la pazza, che non viene presentata in maniera cosi negativa come negli altri due romanzi e che probabilmente non è in preda ad una follia cosi forte come negli altri due romanzi, stringe un'amicizia segreta con la piccola Adèle. Quando Sophie decide di lasciare in segreto Thornefield con l'aiuto di Toussaint, Adèle porta con sé Berta, perché intende salvarla. Anche in questo romanzo il rogo è presente, ma non è appiccato da Berta, ma dalla sua governante Grace Poole. Sophie, Adèle, Toussaint e Olympe fuggono portando con loro Bertha che lentamente rinsavisce e riacquista la sua identità. Al termine del romanzo Céline, Toussaint, Sophie, Adèle e Bertha vanno ai Caraibi. Toussaint, ormai uomo libero, cercherà di trovare sua sorella sull'isola di Cuba, lasciata tanto tempo prima mentre Bertha cercherà di trovare in Giamaica l'uomo che aveva realmente amato e di stringere con lui una relazione. In questo romanzo alla fine vince la donna creola sull'uomo bianco. Dopo un cattivo matrimonio, la segregazione in una stanza del terzo piano, la solitudine, Bertha rinsavisce e ricostruisce se stessa, nel suo ambiente tropicale. Se Charlotte Brontë punisce Rochester per la sua cattiveria e crudeltà, per il suo schiavismo e superiorità sulla moglie creola attraverso la perdita della vista e l'amputazione di un arto nel corso del rogo, la Pitzorno regala un finale positivo al personaggio di Bertha attraverso la sua liberazione e la riappropriazione del suo mondo. Quasi che la Pitzorno voglia sottolineare che nessuna persona, né bianca né di colore né creola può essere privata dei suoi diritti, maltrattata e sottoposta ingiustamente alla prigionia, aspetto che non è per niente presente nella visione etnocentrica della Brontë.

In appendice alla sua opera la Pitzorno dice espressamente di aver utilizzato come fonti alcuni testi importanti per il tema della schiavitù nei Caraibi: *I problemi dell'America Latina* di Alexander von Humboldt; *Sulla schiavitù dei neri e sulla legislazione coloniale* di Victor Schoelcher (1833), i tre libri della contessa creola di origine cubana Mercedes de Merlin: *I miei primi dodici anni* (1831); *Souvenirs et Memoires* (1836); *Viaggio all'Avana* (1844), il saggio *Toussaint Louverture* di Aimé Césaire (1960). Mentre la Brontë conosceva gli episodi legati all'emancipazione degli schiavi nelle colonie direttamente dalle cronache a lei contemporanee, la Pitzorno mostra di aver fatto un'ampia ricerca storiografica circa i temi che tratta limitatamente allo schiavismo ad Haiti e l'emancipazione.

Il tema dello schiavismo e del colonialismo è onnipresente anche in *Il grande mare dei Sargassi* di Jean Rhys. Una particolare attenzione merita la biografia della scrittrice. Jean Rhys, pseudonimo di Ella Gwendolen Rees Williams, nacque sull'isola di Dominica e fece parte della minoranza creola bianca. L'origine razziale le creò problemi già dall'infanzia durante la quale si sentì sempre straniera e aliena nel posto in cui viveva. Visse a Dominica fino all'età di sedici anni quando poi venne mandata in Inghilterra a studiare. Anche lì si sentì aliena e non si sentì mai completamente inglese. Qualche cenno sulla Dominica, luogo di nascita e dell'infanzia di Jean Rhys, mi sembra a questo punto opportuno. Cristoforo Colombo scoprì l'isola il 3 Novembre 1493, una domenica, per questo venne chiamata Dominica. L'isola fu prima un dominio spagnolo, poi passò ai francesi e dal 1763 divenne una colonia inglese. L'emancipazione degli schiavi venne ottenuta in Inghilterra e nelle colonie inglesi nel 1838. Dominica divenne la prima colonia britannica dei Caraibi ad essere governata da una maggioranza africana. Rimase un possedimento inglese all'interno della confederazione del Commonwealth ed ottenne l'indipendenza solo nel 1978.

Il grande mare dei Sargassi non è ambientato sull'isola di Dominica, ma in Giamaica e nel periodo immediatamente successivo all'abolizione dello schiavismo. Cristoforo Colombo approdò sull'isola nel 1494 e la battezzò con il nome di Santiago. L'isola rimase in mano agli spagnoli sino al 1665 quando gli inglesi la conquistarono. La Giamaica fu una colonia inglese fino al 1962 quando ottenne la sua indipendenza dall'Inghilterra. La protagonista del romanzo, Antoinette, nasce e vive la sua infanzia in Giamaica, ma due importanti personaggi, la madre Annette e la governante Christophine, sono originarie della Martinica, una colonia francese. La Martinica, assieme a Guadalupe, è ancora un possedimento d'oltremare francese. L'isola venne scoperta da Cristoforo Colombo nel 1502. L'antica capitale di Saint Pierre, viene spesso chiamata come Parigi delle Piccole Antille. Nel romanzo *Charlotte, l'ultimo viaggio* di D.M. Thomas ci sono dei tratti che fanno riferimento alla possibile indipendenza della Martinica dalla Francia che però viene vista di cattivo occhio da Juan:

> Lui riteneva che l'isola doveva essere più indipendente, ma non pensava che potesse esserlo del tutto. Gli isolani erano troppo pigri e troppo viziati.[78]

E ancora

> Probabilmente l'isola, ripetè [Juan] con tristezza, non riusciva a reggere l'indipendenza; sarebbe come liberare un canarino perché provvedesse a se stesso da solo.[79]

In Martinica si parla francese ma anche creolo martinicano. Quest'ultimo ha una base di , ma ha inglobato elementi inglesi, spagnoli e portoghesi. È utilizzato soprattutto nella comunicazione e nel racconto orale di storie e racconti che appartengono alla tradizione.

All'apertura del romanzo viene subito detto che la gioia e la spensieratezza vissuta nella casa di Coulibri è qualcosa di passato, perché i neri hanno abbandonato la casa in seguito all'abolizione della schiavitù concessa dal Regno Unito. Gli schiavi si sono liberati ed hanno lasciato le case dei padroni creando, quindi, importanti problemi economici per le loro tenute. A differenza di *La bambinaia francese* in cui spesso si vagheggia la necessità che il governo approvi l'emancipazione degli schiavi qui l'intero romanzo si sviluppa in seguito all'ottenimento dell'emancipazione degli schiavi in Giamaica.

---

[78] D.M. Thomas, *Charlotte, l'ultimo viaggio di Jane Eyre*, Milano, Baldini & Castoldi, 2001, p. 96.
[79] *Ivi*, p. 99.

> Tutta la tenuta era diventata selvatica come il
> giardino, divorata dalla sterpaglia. Niente più
> schiavitù. Perché qualcuno avrebbe dovuto
> lavorare?[80]

In *Il grande mare dei Sargassi* le relazioni astiose bianchi-neri sono ribaltate, infatti sono i neri che, ottenuta l'emancipazione, prendono a bersaglio la comunità creola bianca alla quale la protagonista Antoinette appartiene. La comunità nera chiama 'blatte bianche' le persone che appartengono alla comunità creola bianca che è solo una minoranza. Sia Antoinette che la madre Annette vivono uno stato d'isolamento e d'allontanamento dalla comunità e in più punti del romanzo si definiscono "marooned". L'espressione *maroon* deriva dallo spagnolo *cimarrón* che significa letteralmente 'selvaggio' e 'fuggitivo'. Il termine venne utilizzato originariamente nelle Americhe per indicare gli schiavi africani. La nascita di una comunità *maroon* è spesso coincisa con la nascita di nuove lingue, in particolare lingue creole derivate da lingue europee ed africane. I *maroon* giamaicani combatterono contro la schiavitù per l'indipendenza della Giamaica dalla Gran Bretagna. Oggigiorno il verbo *maroon* significa 'abbandonare', 'lasciare', 'emarginare' e in questa accezione, sia Antoinette che Annette sono sole, emarginate e rifiutate dalla comunità.

Antoinette trascorre gran parte della sua infanzia nella casa di Coulibri a parlare con la governante Christophine. Christophine è originaria della Martinica, conosce il francese e spesso parla in *patois*, il creolo martinicano. Christophine, così come Toussaint in *La bambinaia francese,* è stata comprata come fosse un oggetto. La madre di Antoinette le dice infatti

> Tuo padre me l'ha data come regalo di nozze,
> uno dei suoi regali di nozze. Pensava che sarei
> stata contenta di avere vicino una ragazza della
> Martinica.[81]

---

[80] Jean Rhys, *Il grande mare dei Sargassi*, Milano, Adelphi, , 1980, p.10.
[81] *Ivi*, p.12.

Il sottofondo razzista è molto presente in *Il grande mare dei Sargassi*: i neri maltrattano Antoinette e sua madre, perché membri della comunità creola bianca e questi maltrattamenti aumentano nel momento in cui la madre decide di sposarsi con Mr. Mason, un ricco proprietario di piantagioni. Antoinette osserva:

> In un certo senso stavamo meglio prima che lui venisse, anche se ci aveva salvati dalla miseria e dall'infelicità [...] Quando eravamo poveri, la gente di colore non ci odiava tanto.[82]

Anche il rapporto tra Antoinette e la bambina nera Tia, figlia di un'amica di Christophine, è dominato da questa differenza di razza. L'infanzia di Antoinette si conclude con il rogo della casa di Coulibri appiccato dalla comunità nera contro il signor Mason e la sua famiglia. Al di fuori della casa un nutrito gruppo di neri inferociti urlano brandendo rocce e bastoni, inveendo contro Mr. Mason. Agli occhi della piccola Antoinette quegli uomini di colore sembrano tutti uguali, non hanno dei tratti distinguibili. La famiglia è costretta a lasciare la casa: il fratello Pierre, già malato, muore durante la fuga, la madre, sola e incompresa, comincia ad impazzire mentre lei va a stare a casa della zia Cora. Tuttavia nel corso del romanzo c'è un personaggio di colore positivo, si tratta di Sandi Cosway, il cugino di Antoinette che la salva dai maltrattamenti di due ragazzi neri. Antoinette trascorre un periodo al Convento del Monte Calvario e poi nella seconda parte del romanzo, dopo un'ellissi temporale, ci viene detto che si è sposata con un ricco inglese. Sappiamo che si tratta del signor Rochester anche se il suo nome non viene mai rivelato. Rochester si è recato in Giamaica dove suo padre e suo fratello hanno combinato un matrimonio vantaggioso per lui, si è sposato con Antoinette e solo dopo si è accorto di non amarla e di essere troppo diverso da lei:

---

[82] *Ivi*, p.27.

48

La guardai con occhio critico. Portava un tricorno che le stava bene. Se non altro le lasciava in ombra gli occhi, che sono troppo grandi e possono riuscire sconcertanti. Mi dà l'impressione che non batta mai le palpebre. Lunghi, scuri, tristi occhi estranei. Sarà creola di pura discendenza inglese, ma i suoi occhi non sono inglesi e nemmeno europei. E quando ho cominciato a notare tutte queste cose su mia moglie Antoinette? Dopo che siamo partiti da Spanish Town, credo.[83]

Rochester coglie dall'occhio della moglie la differenza di razza e l'occhio che batte raramente le palpebre fa quasi pensare ad un occhio animale. Ad un certo punto Rochester dice:

«Mi sento estraneo qui – Sento che questo posto è mio nemico e tuo alleato».[84]

Scoperto l'inganno che il padre e il fratello di Rochester hanno combinato per lui facendolo sposare con una creola figlia di una pazza ed ubriacona, Rochester dice di essere stato comprato. Non è Antoinette ad essere stata comprata sottoforma di dote attraverso il matrimonio, ma è lui che ha dovuto accettare tutto ciò che gli è stato imposto e che è stato comprato. Il tema del "comprare" rinvia direttamente alla compravendita e alla tratta degli schiavi.

Rochester non si sente a suo agio ai Caraibi, percepisce l'ambiente come estraneo e minaccioso. Le persone che lo circondano non gli sono amiche; non capisce il *patois* di Christophine e questo costituisce un ulteriore elemento di straniamento e di alienazione; spesso vede Amelie ed Hilda, due serve, ridere, sogghignare in maniera infida e malevola e tutto questo contribuisce ad allontanarlo e a farlo sentire oppresso e turbato. Ad un certo punto del romanzo Rochester prende un

---

[83] *Ivi*, p. 65.
[84] *Ivi*, p. 137.

libro intitolato *The Glittering Coronet of Isles (La fulgida corona di isole)* ed inizia a leggere in una parte dove si parla degli zombi e della magia obeah. Per la prima volta nel romanzo viene introdotto il tema della magia nera obeah, una magia simile alle pratiche del Voodoo di Haiti. La magia obeah è originaria dell'Africa centrale ed occidentale ed è stata trapiantata anche in America centrale durante la tratta degli schiavi soprattutto in Giamaica, Suriname, Belize, Bahamas e Barbados. Rochester legge una parte nella quale si parla degli zombi. Il termine 'zombi' è un termine di origine haitiana, legato ai ridi Voodoo ed il suo concetto è abbastanza indefinito; per zombi si intende un morto che può essere vivo (una sorta di automa mosso da uno stregone) o un vivo che può essere morto (un fantasma, uno spirito). Nella letteratura occidentale la figura dello zombi è stata rivista ed interpretata nell'immaginario dello schiavo.

La governante Christophine conosce gli incantesimi della magia nera obeah e quindi è un personaggio molto rispettato, considerato e anche temuto dai membri della comunità. Ad un certo punto della storia Antoinette si reca da Christophine per farsi fare un incantesimo affinché suo marito torni ad amarla. A causa dei maltrattamenti di Rochester, la solitudine e l'alcool Antoinette diventa pazza. Rochester, sentendosi inadeguato e minacciato in quell'ambiente, obbliga Christophine ad andarsene, perché la teme ed è troppo potente, invocando la legge inglese. Christophine, che non conosce e non capisce la legge inglese, gli risponde:

> Niente polizia qui. Niente schiavi incatenati, niente tortura, niente prigione buia. Questo paese è libero e io sono donna libera.[85]

Al termine della conversazione Christophine se ne va e poco dopo Rochester e Antoinette, ormai chiamata Bertha, se ne tornano in Inghilterra dove Rochester rinchiude la moglie pazza

---

[85] *Ivi*, p. 172.

in una stanza del terzo piano di Thornefield. Nel personaggio di Rochester di *Il grande mare dei Sargassi* possiamo vedere, dunque, un uomo cattivo, cinico, crudele, opportunista ed interessato solo ai soldi, la sua visione etnocentrica, il distacco e il rifiuto della comunità nera (Christophine, Hilda, Amelie) e il desiderio di dominare, in qualità di esponente della razza bianca, sulla moglie creola, sulla governante nera e sugli altri servi. Rochester manifesta sempre la sua superiorità nei confronti degli altri personaggi, con il suo comportamento spersonalizza la moglie e la conduce alla pazzia. Tormentato e minacciato dall'ambiente tropicale come un'unica possibilità di salvezza ritorna in Inghilterra, a Thornefield, nel suo ambiente nel quale riesce a dominare e dare ordini agli altri personaggi senza provare un sentimento claustrofobico e di terrore. Per quanto riguarda Bertha, donna creola, secondo Jean Rhys, ella è molto stilizzata nel romanzo di Charlotte Brontë. In *Jane Eyre* infatti si parla vagamente della pazzia di Bertha e non ci viene detto niente circa la sua infanzia e adolescenza. In Jean Rhys avviene esattamente il contrario, in quanto la scrittrice ci narra la storia di Antoinette dall'infanzia, passando alla maturità sino al matrimonio con Rochester e alla pazzia di Antoinette. Sappiamo dunque quali sono le ragioni per cui Bertha è stata rinchiusa in una stanza o, meglio, perché è diventata pazza. Non è diventata pazza solamente perché anche sua madre lo era, ma perché ha trascorso un'infanzia difficile, tormentata, maltrattata dai neri e poi maltrattata da Rochester; è diventata pazza a causa dell'alcool e di Rochester che l'ha spogliata della sua casa, del suo ambiente, del suo stesso nome. La Rhys indaga sulle motivazioni che la Brontë tiene nascoste circa la pazzia di Bertha. Non solo. La Rhys con il suo romanzo dà voce anche a altri personaggi non-bianchi, soprattutto alla governante nera Christophine, ma anche il cugino nero Sandy Cosway, l'amica nera Tia, il fratellastro nero Daniel Cosway: c'è, insomma, una polifonia di voci diverse per età, razza e origine. Questo aspetto consente di considerare il romanzo della Rhys un romanzo postmodernista, perché oltre ad essere un *pastiche* o meglio un *prequel* di *Jane Eyre*, tratta la materia narrativa facendola passare attraverso più personaggi, dando voce non solo all'europeo bianco colonizzatore come fa la Brontë, ma al creolo o mulatto e al nero ex schiavo ed oppresso.

Anche nel romanzo di D.M. Thomas *Charlotte,m l'ultimo viaggio di Jane Eyre*, pubblicato nel 2000, ci sono diversi passi che trattano del tema coloniale e dello schiavismo e fanno riferimento all'isola della Martinica nella quale si svolgono le due storie che vengono narrate nel romanzo: la storia di Jane Eyre e quella di Miranda Stevenson.

> La mia cartina turistica indicava un posto sulla strada costiera settentrionale segnalato come *tombeau des caraibes*. Domandai a Juan cosa fosse. Disse che era il posto dove gli ultimi capi caraibici sopravvissuti si erano buttati dalla scogliera, dopo aver bevuto del veleno, decisi a morire piuttosto che essere uccisi dai bianchi.[86]

In molti punti del romanzo Juan, amico di Miranda, le fa vedere dei luoghi in Martinica che in tempi passati sono stati scenario di disumane violenze dell'uomo bianco colonizzatore contro la razza nera:

> Diamant si rivelò un tranquillo villaggetto accanto al mare. Un tempo, mi raccontò Juan,era un agiato porto di schiavi. Appena emergevano in catene dal loro viaggio infernale, gli schiavi venivano definiti i "congo", dal luogo dell'Africa dove erano cresciuti[87].

Poco più avanti abbiamo la descrizione impressionistica e struggente di uno schiavo maltrattato e seviziato che alla

---

[86] D.M. Thomas, *Charlotte – L'ultimo viaggio di Jane Eyre*, Milano, Baldini & Castoldi, 2001, p. 103.
[87] *Ivi*, p. 111.

protagonista fa pensare alle torture del campo di Golgota della Bibbia.

> Un giovane schiavo, completamente nudo, pendeva dai rami di un albero a cui era legato ai polsi; la testa era crollata di fianco sulle spalle, gli occhi erano chiusi. Roteava lentamente. Delle ferite sanguinanti gli sfregiavano la schiena muscolosa. "Ha cercato di scappare" mi bisbigliò Emile. Per la prima volta, capii la realtà del Golgota.[88]

Come si è visto in questa significativa carrellata di estratti dei quattro romanzi in questione il tema coloniale e dello schiavismo è ampiamente presente nel romanzo di *Jane Eyre* della Brontë così come in tutti i suoi *prequels*, *sequels* e riscritture. In ciascun romanzo il tema coloniale viene trattato in maniera differente, in alcuni è enfatizzato e ne fuoriesce un'immagine cruda e violenta del conquistatore europeo mentre in altri è solamente accennato e abbiamo una visione etnocentrica a favore della razza bianca o addirittura razzista. Per comprendere questo diverso tipo di trattamento del tema è necessario prendere in considerazione il periodo storico in cui vissero i diversi autori, la loro origine, il loro contesto socio-culturale e soprattutto la loro conoscenza del tema. Il successo del romanzo *Jane Eyre* non risiede solamente nell'interessante personaggio della giovane governante inglese che viene corteggiata e infine sposata da Rochester, ma dal contrasto che nasce tra la sua figura stereotipata di donna inglese e fredda e quella di Bertha Mason, donna creola giamaicana.

---

[88] *Ivi*, p. 128.

III

INGHILTERRA E CARAIBI, LA VECCHIA EUROPA E L'ESOTISMO TROPICALE

Secondo molti critici *Jane Eyre* può essere definito un romanzo a tappe in quanto si svolge in cinque ambientazioni, ciascuna con delle caratteristiche proprie, che vengono a rappresentare cinque tappe di crescita della protagonista. Il primo ambiente è la casa di Gateshead nella campagna dello Yorkshire, in Inghilterra. A Gateshead è legata l'infanzia di Jane, orfana, che vive con la zia Reed e i tre cugini che le sono perennemente ostili. L'unico personaggio amico a Jane durante la sua permanenza a Gateshead è la governante Bessie. Jane è sottoposta a continue vessazioni da parte dei cugini e viene maltrattata e rimproverata ingiustamente dalla zia. La permanenza a Gateshead è per Jane una sorta di prigionia e questo aspetto è amplificato nell'episodio in cui la zia ordina di far rinchiudere Jane nella *red room*:

> La stanza rossa veniva usata assai di rado; o piuttosto mai, se non quando un'inconsueta folla di visitatori a Gateshead Hall rendeva necessario sfruttarne ogni possibile spazio; pure, era una delle camere più grandi e imponenti della casa. Al centro, simile a un tabernacolo, si innalzava il letto sorretto da colonne di mogano, le cortine di damasco rosso cupo, tende drappeggiate e mantovane di damasco velavano le due finestre dalle persiane perennemente chiuse; il tappeto era rosso; il tavolino ai piedi del letto ricoperto da un panno cremisi; le pareti, di un morbido color fulvo con una sfumatura rosa; l'armadio, la toletta, le sedie, in mogano scuro.[89]

---

[89] Charlotte Brontë, *Jane Eyre*, Milano, Mondadori, 2007, p. 11.

L'ambientazione successiva è la scuola di carità per orfani di Lowood, un edificio fatiscente dove le bambine vengono sottoposte a maltrattamenti e alle cattive condizioni della struttura. Lowood è una nuova prigione e quindi replica in un certo senso la permanenza a Gateshead. Interessante è la descrizione del giardino di Lowood:

> Il giardino era un vasto recinto circondato da un muro così alto da escludere qualsiasi vista esterna; da un lato correva una veranda coperta, e larghi viali delimitavano uno spazio centrale diviso in tante piccole aiole, che venivano assegnate ognuna a ognuna delle allieve perché le coltivassero. Senza dubbio quando fossero state piene di fiori avrebbero offerto un bello spettacolo, ma ora, alla fine di gennaio, ovunque regnavano la sterilità e la desolazione invernale.[90]

Per la prima volta a Lowood Jane non si sente più sola perché viene trattata come tutte le altre bambine. A Lowood fa amicizia con un'altra bambina, Helen Burns, un personaggio che incarna ideali cristologici. Le gravi condizioni del collegio e la diffusione del tifo portano ad una serie di morti nel collegio. Helen Burns muore di tubercolosi e per Jane sarà un grande dolore. A Lowood rimane otto anni fino che diventa un'istitutrice e lascia il collegio; durante quegli otto anni:

> La situazione malsana del luogo; la quantità e la qualità del cibo delle allieve, l'acqua infetta adoperata per la preparazione dei pasti; il povero abbigliamento e l'assenza di comodità delle ragazze: tutto venne rivelato; e la rivelazione ebbe un risultato mortificante per il signor Brocklehurst, ma benefico per l'istituto.[91]

---

[90] *Ivi*, p. 53.
[91] *Ivi*, p. 95.

Il setting successivo è Thornefield Hall, un maniero nella campagna inglese vicino Millcote che appartiene al signor Rochester. Letteralmente Thornefield potrebbe essere tradotto come "campo di spini" o "campo di rovi" e individua quindi già a partire dal suo nome la serie di inganni, intrighi e dolori che Jane dovrà soffrire al castello. La descrizione dell'arrivo di Jane a Thornefield sembra echeggiare l'introduzione di un'eroina in un romanzo gotico. Si dà particolare rilievo alla descrizione di Thornefield, un castello con torri merlate, stanze grandi con caminetti piene di oggetti e mobili antichi intarsiati, corridoi e gallerie lunghe, scale a chiocciola, scale di legno come in una chiesa, stanze chiuse a chiavi e rumori strani provenienti dai piani superiori. Fino a che il mistero di Thornefield non verrà svelato il lettore è quasi portato a pensare che nella casa ci siano dei fantasmi. Jane si reca a Thornefield in qualità di istitutrice per la piccola Adèle, figlia di Rochester. Deve però ritornare a Gateshead per un breve periodo, perché le condizioni di sua zia Reed si sono aggravate. Durante la sua permanenza a Thornefield, Jane si innamora del signor Rochester, ma il matrimonio non potrà trovare compimento a causa di un impedimento, una "spina" se vogliamo. Quando il signor Rochester invita il parroco e il legale a vedere chi è sua moglie, Bertha, il percorso che viene fatto sembra essere un tipico percorso da romanzo gotico:

> Salimmo la prima rampa, percorremmo la galleria, proseguimmo fino al terzo piano: la bassa porta scura, aperta dal signor Rochester, ci introdusse nella stanza tappezzata, con il grande letto e lo stipo intagliato.[92]

Scoperto l'inganno Jane lascia Thornefield e vaga nella brughiera e nel bosco, sentendosi protetta dalla grande madre natura fino a che non giunge a Whitecross che non è un villaggio, ma un

---

[92] *Ivi*, p. 343.

crocicchio di vie. Ascoltando da lontano il rumore delle campane
giunge ad un villaggio nel quale si trova una casa, Moor House.
Questo è il nuovo setting del romanzo e penultima tappa di Jane
Eyre. Finalmente si trova in un posto amico dove viene ospitata
dai cugini St. John Rivers e le sue sorelle. Il toponimo richiama in
"moor" direttamente la brughiera e la palude, nella quale la casa si
trova. A Moor House trascorre un periodo felice e ottiene
l'indipendenza economica grazie all'eredità dello zio Jhon Eyre
deceduto. Nella parte finale del romanzo sente delle urla lontane
di Rochester che la chiama in aiuto. Lascia Moor House per far
ritorno a Thornefield. L'immagine splendente di Thornefield, di
come ha lasciato la tenuta, non è più presente, poiché il castello è
distrutto e completamente in rovina, i muri sono rovinati ed
anneriti dal fumo:

> I prati, il terreno erano calpestati e desolati: il
> portale era vuoto. La facciata, come una volta
> avevo visto in sogno, era un guscio vuoto, alto e
> fragile, trafitto da finestre senza vetri: niente
> tetto, merli, camini: tutto era crollato. E aleggiava
> là intorno il silenzio della morte: la solitudine di
> un deserto […]. Le pietre annerite rivelavano per
> quale sorte Thornefield Hall fosse caduta: per un
> incendio.[93]

Un signore di una locanda racconta a Jane del rogo di
Thornefield e che Rochester ora vive nell'altra tenuta, a Ferndean.
Ferndean Manor è l'ultimo setting del romanzo, dove Rochester
si rifugia dopo del rogo di Thornefield ormai fortemente
menomato.

> La casa padronale di Ferndean era una
> costruzione molto antica, di dimensioni medie e
> senza pretese architettoniche, immersa in un
> bosco. Il signor Rochester ne parlava spesso e
> qualche volta ci si recava. Il padre l'aveva

---

[93] *Ivi*, p. 503.

acquistata come riserva di caccia. Avrebbe affittato volentieri la casa ma non trovava un inquilino perché il luogo era solitario e insalubre. Ferndean era dunque rimasta senza inquilini e senza arredamento; soltanto due o tre stanze erano arredate per lo *squire* quando ci andava durante la stagione di caccia.[94]

Jane si riavvicina a Rochester, i due si scambiano la loro promessa d'amore, si sposano e costruiscono una famiglia. Nel toponimo di Ferndean è individuabile il termine 'fern' che significa 'felce' e che pertanto richiama una casa a contatto con la brughiera e vegetazione paludosa. Le diverse ambientazioni del romanzo (la casa di Gateshead, il collegio di Lowood, il castello di Thornefield, Moor House e la tenuta di Ferndean) sembrano definire un progressivo avvicinamento di Jane alla natura. Gli episodi di Gateshead e Lowood si svolgono prettamente in luoghi interni mentre negli episodi a Thornefield e a Moor House le ambientazioni sono sempre più a contatto con la natura.

In *Il grande mare dei Sargassi* gli ambienti che vengono descritti sono prevalentemente tropicali e caraibici e la grande attenzione al dettaglio, al particolare legato all'ambiente, deriva sicuramente dalla grande conoscenza del paesaggio caraibico da parte della scrittrice Jean Rhys che nacque sull'isola di Dominica e che conosceva bene quei territori. Il setting caraibico si configura in maniera massiccia come ambiente insulare (Giamaica, Haiti) che a sua volta è espressione dell'universo femminile, in questo caso una femminilità negata. Per Rochester l'ambiente tropicale è minaccioso e perturbante. Il primo setting del romanzo è la casa di Coulibri, che è il luogo d'infanzia di Antoinette. La casa si compone di un giardino che è una sorta di Eden con chiari segni minacciosi come il serpente e le orchidee che sembrano dei polipi.

---

[94] *Ibidem.*

Il nostro giardino era grande e bello come quel
giardino della Bibbia –vi cresceva l'albero della
vita. Ma ormai era inselvatichito. I sentieri
scomparivano sotto la gramigna e un odore di
fiori morti si mescolava al fresco profumo della
vita. Sotto le felci, alte come le felci della foresta,
la luce era verde. Le orchidee fiorivano dove non
si arrivava con la mano, o dove per qualche
ragione non si doveva toccarle. Questa sembrava
un serpente, quella un polipo con lunghi e sottili
tentacoli brunastri che pendevano spogli da una
radice contorta. L'orchidea polipo fioriva due
volte all'anno – e allora i suoi tentacoli
scomparivano del tutto. Era una profusione di
bianchi, di lilla, di cupi rossi purpurei a forma di
campana, meravigliosa da vedere. Il profumo era
dolcissimo e intenso. Io non mi ci avvicinavo
mai. Tutta la tenuta era diventata selvatica come il
giardino, divorata dalla sterpaglia.[95]

Non esiste nessun luogo in Giamaica che si chiami Coulibri, ma
forse nella descrizione del giardino la Rhys utilizzò vecchie
reminiscenze del giardino nella casa della nonna. Il setting
successivo è di segno diametralmente diverso, non è immerso
nella natura, ma è nella città di Spanish Town, vecchia capitale
della Giamaica, nella casa della zia Cora dove va a vivere in
seguito al rogo di Coulibri. Lì vive un momento di tranquillità e di
ricovero, terminato il quale è pronta per andare a scuola. Il setting
successivo è infatti il Convento del Monte Calvario in cui
Antoinette impara a cucire, si avvicina alla religione, e fa amicizia
con alcune persone.

Quel convento era il mio rifugio, un luogo di sole
e di morte[...] Tutto era fulgore o tenebra. I
muri, i colori abbaglianti dei fiori nel giardino e i
vestiti delle suore erano luminosi, ma i loro veli, il
crocifisso che pendeva dalla loro cintura e

---

[95] Jean Rhys, *Il grande mare dei Sargassi*, Milano, Adelphi, 1980, p.10.

l'ombra degli alberi erano neri. Ecco com'era,
luce e buio, sole e ombra, Cielo e Inferno, perché
una delle suore sapeva tutto dell'Inferno, e chi
non lo sa? Ma un'altra era esperta del Cielo e
delle proprietà dei Beati, la meno importante
delle quali è una bellezza trascendente.[96]

Quando Antoinette esce dal convento è promessa in sposa a
Rochester e diventerà parte integrante del mondo patriarcale,
perdendo tutto: casa, paese e nome. Del matrimonio tra i due non
ci viene detto quasi niente tranne che al termine sono andati in
luna di miele nella casa di Granbois, sull'isola di Dominica,
appartenuta alla madre di Antoinette. Agli occhi di Rochester
l'ambiente è estremo ed eccessivo e gli provoca un senso
d'isolamento e d'alienazione.

> Tutto è eccessivo, pensai mentre cavalcavo
> stancamente dietro di lei. Troppo azzurro, troppo
> porpora, troppo verde. I fiori troppo rossi, i
> monti troppo alti, i colli troppo vicini.[97]

Della casa di Granbois ci viene descritta in dettaglio la stanza che
era appartenuta al signor Mason, l'unica arredata alla maniera
inglese e proprio per questo il signor Rochester in essa si sente a
suo agio e la definisce "un rifugio".

> La stanza mi parve ingombra, dopo il vuoto che
> aveva visto nelle altre. C'era un tappeto, l'unico
> che avessi visto, un armadio fatto di un bel legno
> che non riconobbi. Sotto la finestra aperta una
> piccola scrivania fornita di carta, penne e
> inchiostro. "Un rifugio" stavo pensando, allorché
> qualcuno disse "Questa era la camera di Mr.
> Mason, signore, ma lui non veniva qui spesso.[98]

---

[96] *Ivi*, pp. 53-54.
[97] *Ivi*, p. 69.
[98] *Ivi*, p. 74.

Durante la permanenza nella casa di Granbois Antoinette lentamente diventa pazza in seguito ai maltrattamenti di Rochester e la spersonalizzazione del marito. Infine Rochester, che non si è mai sentito a suo agio ai Carabi, decide di ritornare in Inghilterra nella sua tenuta di Thornefield dove rinchiude la moglie, ormai chiamata Bertha.

> In questa camera mi sveglio presto e rimango in letto rabbrividendo, perché fa molto freddo. [...] C'è solo una finestra molto in alto – non si può guardare fuori. Il mio letto aveva delle ante ma le hanno levate. Nella camera non c'è quasi altro. [...] Qui non c'è specchio e io non so come sono adesso. [...] Che cosa faccio, in questo posto, e chi sono?[99]

La bambinaia francese si snoda in due diversi setting che vengono presentati parallelamente grazie alla tecnica epistolare adottata dalla Pitzorno. La prima parte del romanzo, intitolata *In Francia 1830-1837 – L'orfana e la ballerina,* racconta la storia della protagonista Sophie, dalla morte dei suoi genitori fino a quando viene ospitata a casa di Céline Varens che la considera come una figlia. Di seguito si riporta l'estratto in cui Toussaint va a prendere Sophie dopo della morte di sua madre per portarla a casa di Céline Varens.

> «Dove mi porti?» ripeté preoccupata.
> «A casa» rispose tranquillo Toussaint. «Madame Varens ti sta aspettando. Perché tanta meraviglia? Te l'avevo promesso che sarei ritornato» osservò poi. «Sono venuto anche ieri a cercarti, ma non eri in casa».
> [...] «Ma perché?» balbettò Sophie sconcertata. «Cosa vuole da me?»
> Toussaint si strinse nelle spalle. «E' un tipo originale, la mia padrona. Ha detto che d'ora in

---

[99] *Ivi*, pp. 193-195.

62

poi Boulevard des Capucines sarà la tua casa.
Evidentemente si è incapricciata di te».[100]

La prima parte del romanzo si conclude con la morte del
Cittadino Marchese, la caduta in rovina di Céline e la sua
reclusione in carcere. La narrazione avviene in due modi: ci sono
porzioni di testo raccontati direttamente in prima persona da
Sophie ed altre parti sottoforma di lettera che Sophie, Toussaint o
Adèle inviano a Céline, la quale è rinchiusa in carcere. Le
narrazione di Sophie si basa su episodi accaduti in un periodo
esteso che va dall'anno 1830 al 1837 mentre la porzione narrativa
costituita dallo scambio di lettere è ambientata durante il 1837. La
seconda parte del romanzo, intitolata *In Inghilterra – La bambinaia e
l'istitutrice,* è ambientata invece in Inghilterra, prevalentemente a
Thornefield Hall dove la piccola Adèle, in compagnia di Sophie, è
andata a vivere secondo le volontà del signor Rochester. Prima di
giungere a Thornefield Sophie narra della breve permanenza a
Londra nel Luglio del 1837.

> Credo che ci fermeremo qui a Londra almeno
> una settimana. Abbiamo fatto un giretto per le
> strade attorno all'albergo. La città è ancora tutta
> in fermento perché esattamente da un mese, dal
> 20 di Giugno, l'Inghilterra ha una nuova regina. Il
> re William IV è morto ed è salita sul trono sua
> nipote Victoria, una ragazza di appena diciotto
> anni.[101]

La seconda parte del romanzo è ambientata negli anni 1837-1840
e si presenta per lo più sottoforma di lettere che Sophie e Adèle
(in Inghilterra, a Thornefield) scambiano con Toussaint, Céline,
Olympe (in Francia, a Parigi). Quindi abbiamo sia delle porzioni
che narrano gli episodi a Thornefield Hall, nel castello di
Rochester in Inghilterra che parti che descrivono invece la

---

[100] Bianca Pitzorno, *La bambinaia francese,* Milano, Mondadori, 2004, p. 83.
[101] *Ivi,* p. 275.

63

situazione a Parigi. La descrizione della tenuta di Thornefield è analoga a quella fatta dalla Brontë: Thornefield è un castello grande, tetro e misterioso in cui si annidano dei segreti scomodi. Sophie descrive Thornefield in una lettera indirizzata a Toussaint paragonandolo a un castello gotico medievale:

> E' una grandissima tenuta, in aperta campagna. Molto più grande de la Pommelière. Dal cancello, per arrivare alla casa, bisogna percorrere un lungo viale. Tutto attorno c'è un parco. La casa è una grande villa a tre piani, con rimesse e scuderie. Adèle è rimasta molto colpita dal fatto che in alto il muro della facciata termina con una fila di merli, come un castello medievale. "Ci sarà il fantasma di un cavaliere senza testa nel sotterraneo?"mi ha chiesto in un tono tra il serio e lo scherzoso. Se al mio posto ci fosse stata Christine Morland – ricordate-, la protagonista de *L'abbazia di Northanger*? – questa domanda le avrebbe provocato un delizioso brivido di paura. Forse anche la portinaia di via Marcadet, quell'ingrata che voleva portarmi all'ospizio nonostante le avessi letto decine di storie da Grand Guignol piene di assassini, scheletri nei sotterranei, fantasmi di mogli tradite e assassinate, ricordate? Forse anche madame Annaud troverebbe che Thornefield è il teatro ideale per un mistero tenebroso o per una macabra vendetta. Ma io non sono un'ammiratrice né dei feuilleton né delle storie gotiche di madame Radcliffe.[102]

Nel romanzo il riferimento a Christine Morland, protagonista de *L'abbazia di Northanger* di Jane Austen è continuo e viene utilizzato nelle descrizioni di Thornefield e dei suoi spazi minacciosi e misteriosi come in quello che segue:

---

[102] *Ivi*, p. 280.

Ho preso una candela e mi sono avviata per le scale. Non ero mai stata al terzo piano dopo l'imbrunire. Lì i caminetti non vengono mai accesi da anni e c'era un'aria umida e fredda che a Catherine Morland avrebbe suggerito l'idea di un cupo e deserto sotterraneo. In realtà anch'io mi sentivo un po' a disagio. Il corridoio è basso, stretto, con una piccola finestra in fondo, e due file di porte scure ai lati. Porte, a sentire madame Fairfax, proibite e pericolose come quelle del castello di Barbablù.[103]

Quando Toussaint e Olympe giungono a Thornefield per cercare di liberare Sophie ed Adèle e ritornare con loro a Parigi, Olympe osserva:

«Che strana architettura!» […] «Sembra un castello medievale».
«Vorrai dire un'abbazia piena di scheletri nascosti, come quella di Northanger» le ho risposto ridendo.[104]

Nella parte finale del romanzo quando Sophie, Adèle e Bertha si sono riunite con Toussaint, Olympe e Céline, tutti insieme decidono di partire per il Nuovo Mondo. Giungono a New York e da lì si dirigono sull'isola di Cuba.

Da New York infatti proseguiremo in sua compagnia [contessa Maria de Merlin], sulla fregata *Cristóbal Colón* verso l'isola natale di Tússi, che spera di ritrovare se non la madre, almeno la sorella, e di comprarla per ridarle la libertà. A Cuba infatti, come in Francia e come negli Stati Uniti d'America, la schiavitù è ancora in vigore.[105]

---

[103] *Ivi*, p. 317.
[104] *Ivi*, p. 445.
[105] *Ivi*, p. 481.

Bertha, ormai guarita, andrà in Giamaica, per cercare di ristabilire una vecchia relazione con Thomas Woodruf, un poeta mulatto che aveva amato senza il consenso di suo padre, prima di sposare il signor Rochester. Gli altri, si stabiliranno a Cuba:

> «Non mi piacerebbe vivere in un paese dove è in vigore la schiavitù» ha spiegato madame Céline. Avremmo affittato una villa in riva al mare e Agnes Priscilla [Bertha], dopo aver ritrovato il suo poeta, avrebbe avuto il tempo per scoprire se i sentimenti di entrambi erano sempre gli stessi e per decidere se restare con noi, o se andare a vivere con Thomas per prendersi cura dei suoi cinque orfanelli dalla pelle nera.[106]

Nelle ultime righe Sophie dice che inizierà i suoi studi all'Avana, ma vorrà poi continuarli alla Sorbona, dunque è implicito un ritorno di Sophie in Europa, in Francia. Il setting caraibico, che durante il romanzo viene solamente evocato nei personaggi di Bertha, Mr. Mason e Toussaint, alla fine prevale sul romanzo. Dopo lunghi anni di problemi e difficoltà vissuti a Parigi e traversie, inganni e misteri gotici nella dimora di Thornefield in Inghilterra, i Caraibi vengono a rappresentare l'approdo ad un porto felice per i diversi personaggi. Allo stesso tempo significa la guarigione e la libertà di Bertha, la riscoperta dei legami fraterni di Toussaint. L'ambiente tropicale viene ad identificarsi con un Eden o piuttosto una sorta di terra promessa raggiunta e conquistata.

In *Charlotte, l'ultimo viaggio di Jane Eyre* di D.M. Thomas, come già detto precedentemente, abbiamo due storie che non si snodano contemporaneamente ma una è precedente ad un'altra. Abbiamo la storia di Jane che si snoda negli anni '40 dell'800 e la storia di Miranda Stevenson ambientata negli anni '90 del '900. Nel romanzo troviamo dei setting che abbiamo già conosciuto grazie alla Brontë: Thornefield, ormai distrutto, e la tenuta di

---

[106] *Ivi*, p. 490.

Ferndean. Il libro si apre con la storia di Jane Eyre, sposata con Rochester e i due che vivono felici nella tenuta di Ferndean, in linea con quanto narrato dalla Brontë. Contemporaneamente Rochester sta lavorando assieme ad un architetto alla ricostruzione di Thornefield che, come sappiamo, è stato distrutta da un incendio:

> La ricostruzione di Thornefield, ormai iniziata, gli [a Rochester] prende molto tempo.[107]

In seguito alla morte di Rochester i lavori vengono abbandonati e Thornefield non verrà mai più costruita:

> I lavori di Thornefield Hall erano ormai interrotti, e nello studio di Edward si ammucchiava un'enorme pila di conti.[108]

Tra gli altri ambienti del romanzo abbiamo la rievocazione dell'isola di Jersey nella quale Jane e Rochester trascorsero la loro luna di miele, il ricordo di Rochester della Martinica, il paese d'origine di Bertha e il ricordo di Jane del collegio di Lowood:

> Maria [Miss Temple] ed io [Jane Eyre] versammo lacrime sui ricordi tristi di Lowood: in particolare, sulla morte della mia cara amica Helen, che lei aveva curato durante la malattia con tanto amore.[109]

Il punto di contatto tra le due storie narrate nel romanzo è rappresentato dalla Martinica. Jane e Grace Poole vanno in Martinica per cercare Robert Rochester, il figlio di Bertha e Rochester. In Martinica va anche Miranda Stevenson, una

---

[107] D.M. Thomas, *Charlotte – L'ultimo viaggio di Jane Eyre*, Milano, Baldini & Castoldi, 2001, p. 29.
[108] *Ivi*, p. 73.
[109] *Ivi*, p. 43.

docente universitaria originaria della Cornovaglia per tenere una conferenza su *Jane Eyre*. Della Martinica abbiamo una bella descrizione della città di Saint Pierre, la vecchia capitale, fatta da Miranda:

> La città di St. Pierre aveva un aspetto molto piacevole. Era stata, per così dire, scavata nel fianco di una montagna, a quanto ci informarono di natura vulcanica, ma che grazie a Dio in tempi recenti non aveva più eruttato. Notammo una profusione di edifici, tra i quali pochi erano più alti di due piani, per lo più dipinti sui pendii delle montagne. Non per niente era nota come la Parigi delle Antille.[110]

Tra gli altri ambienti della Martinica che vengono evocati abbiamo Fort Royal e Diamant:

> Fort Royal si rivelò un piccolo porto in misere condizioni: molti edifici erano stati pesantemente danneggiati da un recente terremoto. Trascorremmo lì solo una notte, poi prendemmo a nolo una vettura per recarci al porto di Diamant, che mi avevano informato essere vicino alla piantagione dei Mason.[111]

Per quanto concerne gli spazi della storia di Jane potremmo descriverli sinteticamente così: Ferndean (Inghilterra) – isola di Jersey (per la luna di miele) – Ferndean – Martinica mentre per quanto riguarda la storia di Miranda Stevenson: Cornovaglia (Inghilterra) – Martinica – Cornovaglia. Miranda, originaria dell'Inghilterra, dopo la breve permanenza in Martinica, ritorna in Inghilterra, nella sua città e dalla sua famiglia. Jane, che non ha una famiglia, lascia la sua Inghilterra per la Martinica dove troverà la morte.

---

[110] *Ivi*, p. 122.
[111] *Ivi*, p. 124.

I diversi spazi geografici evocati nei romanzi presi in considerazione e qui delineati brevemente mettono in luce un'antinomia che è riscontrabile in varie parti degli stessi. Un'antinomia basata sul contrasto tra nord e sud, tra Europa e America caraibica e anche tra freddo inglese continentale e caldo tropicale. Il romanzo di *Jane Eyre* si apre d'inverno, quando Jane a casa della zia a Gateshead prende un libro dallo scaffale e si nasconde dietro le tende della finestra per leggerlo. Il libro è *The History of the English Birds* di Bewick, un testo costituito di immagini di uccelli ed ambientazioni nordiche. Allo stesso tempo, al di la della finestra la Brontë descrive il tipico paesaggio invernale nella campagna inglese dello Yorkshire: nebbia, vento e colori grigi. Alcune pagine più avanti, ritroviamo l'inverno quando Jane giunge a Lowood e il giardino del collegio è desolato e secco.

In *Jane Eyre* quando si parla di Bertha o di suo fratello Richard Mason si tende a collegarli al caldo e al calore tropicale. Bertha si lega doppiamente al tema del calore anche per mezzo del fuoco e degli incendi di cui è responsabile a Thornefield. In maniera generale potremmo dire che Jane si identifica con il freddo, l'inverno e l'Inghilterra mentre Bertha con il caldo afoso, il clima tropicale e i Caraibi. Quando in *Jane Eyre* il cugino St. John Rivers le propone di sposarlo e di andare in missione evangelica in India con lui, Jane rifiuta, perché non crede alla proposta di matrimonio di St. John River e, abituata al clima freddo inglese, aggiunge

> Temo che non vivrei a lungo nel sole dell'India.[112]

Nel romanzo della Rhys si dà ampio spazio alla descrizioni della vegetazione caraibica e al clima sull'isola di Dominica, dove Rochester e Antoinette vanno a passare la luna di miele. Il clima tropicale si caratterizza per essere estremamente caldo, afoso,

---

[112] Charlotte Brontë, *Jane Eyre*, Milano, Mondadori, 2007, p. 478.

opprimente e allo stesso tempo costellato da frequenti acquazzoni
violenti e martellanti.

> Eccoci là che cercavamo riparo dalla pioggia
> scrosciante sotto un ampio albero di mango, io,
> mia moglie Antoinette e una piccola serva di
> mezza casta che si chiamava Amélie.
> [...] «Non è che un acquazzone» disse Antoinette
> «Finirà presto».
> [...] La pioggia cadeva più scrosciante, grossi
> goccioloni crepitavano come grandine sulle foglie
> dell'albero, e il mare lambiva la spiaggia con moto
> furtivo.[113]

> La pioggia non era tanto forte e andai a parlare
> con i facchini.[114]

> Il sole tornò a splendere e dalle piante dietro di
> noi cominciò ad alzarsi il vapore.[115]

Il clima tropicale è fatto di caldo torrido e asfissiante con
intervalli di piogge intense alle quali segue sempre un bel tempo.
Antoinette conosce bene il clima di quei posti e non ne è
impressionata né infastidita, a differenza di Rochester.

Nel romanzo della Pitzorno non si fa riferimento al clima
tropicale, ma ci sono degli elementi che alludono alla simbiosi
Bertha-calore eccessivo. Toussaint, essendo nato a Cuba e vissuto
in Giamaica, sopporta con difficoltà il clima europeo:

> Il vecchio dottore gli aveva spiegato che tutte le
> persone nate e cresciute in un clima più caldo
> sopportavano male l'umido inverno parigino, e
> dovevano fare molta attenzione a non prendere

---

[113] Jean Rhys, *Il gran mare dei Sargassi,* Milano,, Adelphi, 1980, pp. 63-64.
[114] *Ivi*, p. 66.
[115] *Ivi*, p. 67.

freddo, perché correvano il rischio di ammalarsi ai polmoni.[116]

Non solo Toussaint è particolarmente esposto al freddo europeo, ma al momento dell'arrivo in Europa non sa che cosa sia la neve e come sia fatta:

> «Sai, quando sono arrivato a Parigi non sapevo cosa fosse la neve» disse il ragazzo indicando fuori dalla finestra i fiocchi che turbinavano silenziosi. «Ed ero così stupido che la prima volta che l'ho vista, nel giardino di madame, mi ci sono buttato dentro e l'ho leccata. Credevo che fosse zucchero, o panna montata. Da noi, per ripararsi dal freddo, basta una camicia di tela a maniche lunghe».[117]

Anche Antoinette in *Il gran mare dei Sargassi*, avendo sempre vissuto ai Caraibi, non riesce a concepire la neve e la spiega in una maniera fantasiosa ed ingenua:

> Dopo l'estate gli alberi perdono le foglie, poi l'inverno e la neve. Piume bianche che cadono? Pezzetti di carta che cadono? Dicono che il ghiaccio disegna arabeschi di fiori sui vetri delle finestre.[118]

Di contro, ne *La bambinaia francese*, si parla dell'inverno francese (nella prima parte del romanzo) e di quello inglese a Thornefield. Non solo si parla del freddo in riferimento ai luoghi che vengono descritti, ma anche i personaggi hanno una connotazione di questo tipo. Rochester, che in *Jane Eyre* è associato al caldo e al fuoco con i numerosi riferimenti ai suoi occhi fiammeggianti, in

---

[116] Bianca Pitzorno, *La bambinaia francese*, Milano, Mondadori, 2004, pp. 211-212.
[117] *Ivi*, pp. 54-55.
[118] Jean Rhys, *Il gran mare dei Sargassi*, Milano, Adelphi, 1980, p. 117.

La bambinaia francese è invece un uomo associato al freddo e al gelo:

> Bisognava essere ciechi per non accorgersi che il padrone di casa, tanto innamorato e sollecito con la madre, altrettanto si mostrava freddo ed indifferente nei confronti della bambina.[119]

Bertha Mason, essendo originaria di un paese caraibico, una volta che viene trapiantata a Thornefield, viene detto che ha sempre freddo e che nella sua stanza il caminetto viene lasciato acceso anche in primavera e in estate. Una volta sradicata dal suo ambiente e condotta in Inghilterra, oltre per la pazzia, si contraddistingue dunque per aver sempre freddo.

> Bertha ha sempre freddo, però io le dico che è un po' scema perché qualche volta si toglie i vestiti, ne fa una palla e li butta nel fuoco del caminetto e dopo le viene il catarro.[120]

> Bertha è raffreddata e tossisce e sputa sulle braci del camino.[121]

> Ora che la vedo non so più che pensare. Trema sempre dal freddo, ed è cosi magra! Con chi se la prenderanno, se muore mentre è affidata a me?[122]

> In questa camera mi sveglio presto e rimango in letto rabbrividendo, perché fa molto freddo.[123]

Tuttavia la Rhys osserva che anche ai Caraibi, nel giorno del suo matrimonio con Rochester, Bertha era già connessa al freddo, piuttosto che al caldo tropicale:

---

[119] Bianca Pitzorno, *La bambinaia francese*, Milano, Mondadori, 2004, p. 124.
[120] *Ivi*, p. 310.
[121] *Ivi*, p. 336.
[122] Jean Rhys, *Il gran mare dei Sargassi*, Milano, Adelphi, 1980, pp. 191-192.
[123] *Ivi*, p. 193.

Ricordo poco della cerimonia vera e propria.
Sulle   pareti,   lapidi   marmoree   che
commemoravano le virtù dell'ultima generazione
di   colonizzatori.   Tutti   caritatevoli.   Tutti
proprietari di schiavi. E tutti riposavano in pace.
Quando uscimmo dalla chiesa le presi la mano.
Nel sole scottante era fredda come il ghiaccio.[124]

Il matrimonio di Antoinette con Rochester significa l'inizio della perdita d'identità e di coscienza di Antoinette e l'allontanarsi all'elemento originario, il caldo e l'avvicinarsi al suo opposto, il freddo, che verrà richiamato ampiamente durante la sua reclusione a Thornefield Hall. Anche Richard Mason, fratello di Bertha, originario delle colonie non è abituato al clima inglese:

Richard Mason era un gentiluomo alto e magro,
vestito con eleganza un po' ricercata dei ricchi
piantatori delle colonie, e come quelli soffriva il
freddo dell'inverno europeo.[125]

Riferimenti al caldo e al freddo sono presenti ampiamente in tutti i romanzi analizzati. Il caldo e il fuoco sono generalmente legati ai personaggi nativi delle colonie e soprattutto a Bertha mentre i personaggi europei sono legati al freddo, in maniera particolare Jane Eyre. Per quanto concerne il personaggio di Rochester, questo in alcuni romanzi è presentato come connesso all'elemento coloniale, caldo, del fuoco mentre in altri Rochester si caratterizza per la sua freddezza. Caldo e freddo vengono utilizzati, oltre che per alludere ai due setting antipodali Caraibi ed Inghilterra, per far riferimento ad alcuni caratteri dei personaggi stessi, come si è visto.

---

[124] *Ivi*, p. 77.
[125] Bianca Pitzorno, *La bambinaia francese*, Milano, Mondadori, 2004, p. 194.

IV

JANE EYRE KILLER DI VAMPIRI: INTERVISTA A SHERRI BROWNING ERWIN

Jane Slayre della scrittrice americana Sherri Browning Erwin, pubblicato nel 2010, è una riscrittura attenta e curiosa del romanzo della Brontë, secondo una veste fantasy-horror in cui i personaggi sono vampiri, demoni, fantasmi, zombi e licantropi. Così il percorso di Jane viene a configurarsi come una vera lotta tra il Bene il Male. Di seguito si riporta il testo dell'intervista da me fatta a Sherri Browning Erwin nel Luglio del 2011, per corrispondenza privata mediante e-mail, e qui tradotta da me in lingua italiana:

LS: Com'è nata l'idea di scrivere questa storia? Qual è stata la genesi del romanzo?
SBE: L'idea nacque quando a mia figlia, a scuola, assegnarono la lettura di *Jane Eyre*. Così mi venne da pensare: e se Jane fosse un'assassina di vampiri? Da qui ho cominciato a trovare ogni tipo di sviluppo e di svolta al testo originale.

LS: Perchè hai deciso di riscrivere una storia? Di fare un *rewriting*? Non sarebbe stato più originale scrivere una storia inedita?
SBE: Ho scritto cinque libri di mia completa invenzione prima di iniziare a lavorare a *Jane Slayre* e a *Grave Expectations* e sto progettando di scriverne ancora. Quando mi venne in mente l'idea di riscrivere Jane come un'assassina, l'idea mi è sembrata divertente e che valeva la pena realizzarla. *Pride and Prejudice and*

Zombies[126] era già stato pubblicato e aveva riscosso un buon successo negli Stati Uniti, così ho pensato che, forse, ci sarebbe stato spazio nel mercato per una rivisitazione di *Jane Eyre*.

LS: Quali elementi di *Jane Eyre* ti piacciono di più?
SBE: Mi piace la sensibilità gotica di *Jane Eyre*, la determinazione della protagonista di andar avanti da sola e mi piace la storia d'amore con Mr. Rochester.

LS: Come dobbiamo considerare il tuo libro: un *rewriting*, un *pastiche*, un *prequel*, un *sequel*, una parodia? Che cos'è?
SBE: Lo considero come un rispettoso e affezionato omaggio dell'originale, una parodia se devo scegliere. Negli Stati Uniti definiamo libri come questi con l'espressione di *mash-ups*. Si tratta di un testo che coniuga qualcosa del testo originale con nuove scene, per creare humor ed aggiungere azione.

LS: Quale pensi che sarebbe stata la reazione di Charlotte Brontë se qualcuno avesse scritto questa storia quando lei era ancora in vita? Pensi che le sarebbe piaciuta? Pensi che la società vittoriana avrebbe pubblicato un testo come questo?
SBE: Penso che Charlotte sia stata molto prossima ad aggiungere vampiri e lupi mannari nel suo testo. In più punti chiama Bertha Mason 'lupo'. Ma certamente dovette fare determinate scelte per i suoi personaggi. Non l'avrei mai scritto se Charlotte Brontë fosse stata ancora viva. Penso che il passare del tempo e il fatto che l'originale di Charlotte sia un classico amato e famoso rende possibile la parodia e nuove svolte dei suoi ossequiati personaggi e ambienti. Ma se Charlotte potesse ritornare qui ora, dopo più di cento anni, e vedere che il suo romanzo è così popolare e amato da ispirare nuove versioni, penso che sarebbe sbalordita e felice.

---

[126] Seth Grahame-Smith, *Pride and Prejudice and Zombies*, Philadelphia, Quirk Books, 2009.

LS: In Internet ho potuto leggere che recentemente hai utilizzato lo stesso procedimento di riscrittura anche per un famoso romanzo di Charles Dickens. Perché ti piace partire da un testo della letteratura alta per riscriverlo e in un certo senso stravolgere l'originale?

SBE: Come ti dicevo, questo procedimento chiamato *mash-up*, è molto popolare nel mio paese. I lettori amano vedere nuovi sviluppi degli amati classici, per divertimento, e mi piace farlo. Mi permette di dedicare del tempo ad esplorare libri che ho amato per molti anni.

LS: Pensi che gli ammiratori di *Jane Eyre* siano interessati nel tuo romanzo o che lo considerino semplicemente una delle tante riscritture postmoderne?

SBE: Gli ammiratori di *Jane Eyre* sono stati attratti e si sono complimentati per la mia versione *Jane Slayre*. Mi aspettavo qualche critica negativa dagli amanti di *Jane Eyre,* ma, per la maggior parte, hanno accolto positivamente la nuova versione, riconoscendo che il mio lavoro è stato fatto con amore e con rispetto verso l'originale.

LS: Nella copertina del libro, vicino al tuo nome, figura in nome di Charlotte Brontë, quasi come se lei fosse la co-autrice del testo. Perché questa scelta?

SBE: Ci sono molti passaggi, scene e personaggi presi dal testo originale della Brontë. Mi sembrava giusto omaggiare e riconoscere il suo lavoro.

LS: *Jane Eyre* è uno dei tanti romanzi che durante la storia ha sempre interessato la critica. Molti studiosi, professori universitari e critici continuano a scrivere, criticare e analizzare il romanzo. Che tu sappia qualcuno si è occupato di scrivere un saggio o uno studio critico in cui faccia un confronto tra il tuo romanzo e il testo originale?

SBE: Non ne sono sicura. *Jane Slayre* è stato studiato assieme al testo originale in qualche scuola e recentemente ne ho parlato in un corso avanzato di letteratura alla Seton Hall University. Stavano leggendo *Jane Eyre* e *Jane Slayre* assieme e confrontandoli.

LS: Se una storia romantica come quella contenuta in *Jane Eyre* ti ha ispirato questo tipo di riscrittura immagino che anche i romanzi di Jane Austen si presterebbero a questo tipo di adattamento. Hai mai pensato di riscrivere un romanzo della Austen?
SBE: Jane Austen è stata parodiata e si sono già scritti molti *sequels* e *rewritings* come ad esempio *Pride and Prejudice and Zombies* e *Mr. Darcy, Vampyre*.[127] Mi piace Jane Austen, ma ho pensato che era il momento di esaminare il lavoro di qualche altro scrittore.

LS: Un personaggio centrale del tuo romanzo è il vampiro. Una lunga tradizione letteraria con al centro la figura del vampiro continua ad essere studiata secondo una prospettiva critica-letteraria. *Dracula* di Bram Stoker è oggigiorno ancora un classico e molti scrittori utilizzano i vampiri all'interno dei loro romanzo: basta pensare alla saga di Twilight. Perché hai deciso di usare personaggi vampiri nel tuo romanzo? Che cosa rappresenta per te il vampiro?
SBE: I miei vampiri non hanno molto in comune con i vampiri di Twilight. In Twilight i vampiri sono pericolosi, ma affascinanti. In *Jane Slayre* i vampiri sono persone che hanno perso ogni gioia dalla vita e la succhiano via da ogni persona che li circonda. Ho incluso dei vampiri perché la zia e i cugini di Jane, i Reeds, mi sembravano adattarsi al vampiro che avevo in mente e mi piaceva l'idea che Jane avesse la forza di un'assassina che alla fine è capace di vendicarsi delle persone che sono state così cattive con lei.

---

[127] Amanda Grange, *Mr. Darcy, Vampyre*, Sourcebooks Inc., 2009.

LS: La critica ha spesso sottolineato che la figura del vampiro, del demone assetato di sangue, è strettamente connessa a una elevata carica sessuale. Il piacere di mordere e succhiare del vampiro, secondo alcuni psicanalisti sarebbe una fissazione alla fase orale dello sviluppo psicosessuale del soggetto di cui Freud ci parla nei suoi *Tre saggi sulla sessualità*. Nel tuo romanzo questa connessione tra vampiri e sessualità è presente?

SBE: Non credo che i vampiri in *Jane Slayre* siano sexy, no. Mi sono focalizzata principalmente sull'aspetto spregevole dei vampiri. Vivono per sempre, ma non sono mai contenti. Così si rendono conto di quanto l'immortalità non abbia senso se manca la gioia e l'amore.

LS: **Quanto a lungo ti ha occupato la stesura di questo lavoro? Hai incontrato qualche difficoltà durante la scrittura? Se sì, quali?**

SBE: Il mio più grande problema nello scrivere è stato quello di coniugare la mia voce con quella di Charlotte Brontë per permettere che il mio nuovo materiale si adattasse alle sue parole. Mi ha impiegato diversi mesi solo per la lettura e poi ho cominciato a scrivere. Ho impiegato sei mesi nella lettura, scrittura, editing e riscrittura.

LS: **Durante un corso universitario al quale ho preso parte dovevamo studiare *Jane Eyre* e *Wide Sargasso Sea*, un romanzo pubblicato nel 1966 e scritto da Jean Rhys. Quest'ultimo romanzo presenta la storia precedente a *Jane Eyre* e narra l'infanzia e l'adolescenza di Bertha Mason, prima di diventare pazza. Hai letto questo libro? Penso che se all'università avessero messo in programma anche il tuo testo, il corso sarebbe stato più vario e interessante: il testo madre della Brontë, il *prequel* di Jean Rhys e la riscrittura dark-fantasy di Sherri Browning Erwin.**

SBE: Mi piace l'idea di studio dei tre libri in maniera comparata. Ci metterei la mia firma! Peso che la Rhys ha avuto una bella idea che ha sviluppato molto bene, ma la sua Bertha Mason non ha quasi niente della Bertha di Charlotte Brontë, secondo me.

LS: Pensi che il tuo romanzo possa essere considerato un romanzo postmoderno? Se no, in quale genere e tendenza potremmo collocarlo?
SBE: Ciò che ho fatto con *Jane Slayre* è detto *mash-up*. Significa prendere il testo originale di un classico e aggiungerci nuove scene e testi.

LS: A molte persone non piace leggere, ma d'altra parte amano la televisione o il cinema. *Jane Eyre* è stato adattato molte volte durante gli anni. Molto interessante è la versione per la regia di Zeffirelli degli anni '90 e anche la serie televisiva della Bbc. Recentemente il regista Cary Fukunaga ha girato un nuovo adattamento cinematografico che è caratterizzato da un enfasi per l'elemento gotico. Questo film è già uscito negli Stati Uniti e in Europa non ancora. Lo hai visto? Cosa ne pensi?
SBE: Non ho ancora visto questo adattamento cinematografico. Sono molto desiderosa di vederlo e spero di farlo presto.

LS: In relazione con quanto ti ho chiesto poco fa, pensi che la storia che tu racconti possa essere trasposta in un film? Perchè o perché no?
SBE: Mi piacerebbe vedere una versione filmica di *Jane Slayre*. Penso che sarebbe divertente vederla con la prospettiva della storia originale, ma con l'azione di Jane che combatte con zombi, vampiri e lupi mannari. Mi piace pensare a Emma Watson nel ruolo di Jane Slayre. Non sarebbe magnifico?

LS: Il tuo desiderio di riscrittura gotica-dark-fantastica è motivato dal fatto che la gente è perennemente affascinata dagli elementi gotici e fantastici o ci sono altre ragioni?

SBE: Penso che la gente sia affascinata dal gotico e dal fantastico, sì. Quando ho pensato di aggiungere questi elementi a *Jane Eyre*, ho pensato che altre persone avrebbero potuto apprezzarne la nuova versione.

LS: Una scrittrice italiana, Bianca Pitzorno, famosa per una serie di libri per l'infanzia ha pubblicato un libro intitolato *La bambinaia francese* che presenta molti dei temi di *Jane Eyre*. Il libro narra la storia di Adèle, figlia di Rochester e di sua madre, Céline Varens. Ci sono anche nuovi personaggi inventati e, alla fine, Bertha Mason non muore. E' una riscrittura molto interessante. Hai mai sentito parlare di questo romanzo? Quanto conosci la tradizione letteraria di *Jane Eyre*: *prequels, sequels, rewritings* e studi critici?

SBE: Ho letto molto materiale critico, vari *sequels, prequels* e *rewritings* di *Jane Eyre*, ma non ho mai sentito parlare della versione della Pitzorno. Andrò sicuramente ad informarmi. Grazie per avermela nominato.

LS: Stai scrivendo qualcosa di nuovo al momento? Hai nuovi progetti di scrittura? Se sì, potresti anticipare qualcosa?

SBE: Sto lavorando a vari progetti, tutti originali: una serie fantastica, un romanzo fantastico vittoriano e un romanzo contemporaneo.

V

ALTRI *PREQUELS, SEQUELS* E *REWRITINGS* CONTEMPORANEI

Il grande successo letterario di *Jane Eyre* e l'ampia tradizione critico-letteraria ad esso legata, ha permesso in tempi a noi recenti la nascita di un gran numero di romanzi, principalmente di autori americani, che hanno riscritto, rivisto, parodiato o che si sono rifatti al capolavoro della Brontë. La tradizione letteraria di *Jane Eyre* nella nostra contemporaneità è viva e feconda grazie a *prequels, sequels* e *rewritings*. Alcuni sono particolarmente fedeli al *mother text* mentre altri hanno trattato le loro storie in maniera completamente originale ed autonoma. Ci sono, dunque, riscritture di tutti i tipi e per tutti i gusti: *science fiction, horror, erotic novel, romance*, e così via. In ciascun caso non è necessario che il lettore conosca e abbia letto il romanzo delle Brontë, perché queste narrazioni sono finite e compiute in se stesse e non difettano di comprensione. Se invece decidiamo di fare una lettura comparativa, questo ci permetterà di evidenziare analogie, differenze, discrepanze e contraddizioni fra le varie opere in questione.

Da tenere presente è anche il diverso punto di vista che viene adottato, a volte quello di Jane, altre volte quello di Rochester o addirittura quello di Bertha. Alcuni romanzi adottano, infatti, la prospettiva del personaggio di Mr. Rochester (alcuni rimanendo fedeli al romanzo della Brontë, altri rivedendolo o aggiungendo degli episodi inediti). *Jane Eyre's Husband – The Life of Edward Rochester* di Tara Bradley narra la storia di Edward Rochester in dettaglio, rivelando i suoi pensieri, ossessioni e passioni. E' il ritratto del Rochester dipinto dalla Brontë: orgoglioso, arrogante, alla ricerca dell'amore. Narra il suo periodo in Jamaica, l'incubo del primo matrimonio, i vagabondaggi in Europa, il suo amore per Jane Eyre e la tragedia che segue dalla decisione di sposarla, la sua guarigione dalle ferite riportate e la sua vita coniugale con Jane. Altri romanzi che narrano la storia dalla prospettiva di Rochester sono: *Rochester, A Novel Inspired by Jane Eyre* di J.L. Niemann e *Edward F. Rochester* di Christine Paris Bruyer.

Altri romanzi invece adottano il punto di vista di Céline e Adèle Varens: *La bambinaia francese* di Bianca Pitzorno di cui si è già parlato e *Adèle, Grace and Céline: The Other Women of Jane Eyre* di Claire Moise. In quest'ultimo romanzo la storia prende piede dalla premessa che Céline non è morta e pretende che sua figlia Adèle faccia una vita agiata. Così Céline si tiene in contatto con Grace Poole mediante corrispondenza venendo a conoscenza dei fatti misteriosi che avvengono a Thornefield. C'è poi un ellissi temporale e si va al periodo della Prima Guerra mondiale con Adèle che scopre le lettere della madre, ormai deceduta. Così Adèle ripercorre il suo passato e gli eventi narrati in Jane Eyre, dal suo punto di vista. La scrittrice londinese Emma Tennant ha dedicato più di un romanzo alla riscrittura di Jane Eyre. Nell'ordine: *Adèle: Jane Eyre's Hidden Story* (2000); *The French Dancer's Bastard* (2006) e *Thornefield Hall: Jane Eyre's Hidden Story* (2007). In *Adèle: Jane Eyre's Hidden Story*, la giovane Adèle, figlia di Céline Varens e di Rochester viene portata a Thornefield, la tenuta nel freddo dello Yorkshire, ma Rochester non riconosce la figlia e questa vuole ritornare alla sua vita parigina. Tuttavia le cose cambiano quando alla tenuta arriva una giovane governante, Jane Eyre. Con il passare del tempo Adèle assiste allo sbocciare della storia d'amore tra Jane Eyre e il padrone. Proprio quando i due stanno per sposarsi è proprio Adèle a rovinare tutto, svelando l'esistenza di una prima moglie di Rochester, tenuta in cattività. Jane fugge da Thornefield mentre Adèle viene rispedita a Parigi. Anche negli altri due romanzi la prospettiva prediletta nella presentazione dei fatti è quella della giovane Adèle.

Non vanno dimenticate neppure le narrazioni fatte dal punto di vista di Bertha, la pazza, la creola: *Wide Sargasso Sea* di

Jean Rhys (1966) e *Jane Eyre's Rival: The Real Mrs Rochester* di Clair Holland.

Un'ampia parte di questo procedimento di riscrittura è costituita dai *prequels* e dai *sequels*. Il *prequel* più famoso e riuscito è, senza dubbio, *Wide Sargasso Sea* (1966) di Jean Rhys al quale si è già fatto riferimento più volte e dove si narra la storia di Bertha Mason, la prima moglie di Rochester a partire dalla sua infanzia. Se i *prequels* non sono molto numerosi, i *sequels* invece abbondano. E' più facile continuare la storia della Brontë, immaginare a un possibile futuro di Jane Eyre piuttosto che ritornare indietro nel tempo e rintracciare la storia precedente dei protagonisti. Alcuni *sequels* parlano della felice storia d'amore tra Jane e Rochester e dei figli, altri hanno come episodi centrali la morte di Rochester o il viaggio di Jane verso i Caraibi; altri ancora trattano la storia della figlia di Jane. In *Mrs Rochester. A Sequel to Jane Eyre* (1997) di Hilary Bailey la storia si apre a Ferndean, dove Jane e Rochester abitano da quando si sono uniti in matrimonio, dopo il rogo di Thornefield. Rochester decide di ricostruire l'antico maniero distrutto nell'incendio (questo elemento è presente anche in *Charlotte, l'ultimo viaggio* di D.M. Thomas), ma Jane non è d'accordo: quel castello le ricorda brutti momenti e la fa soffrire e così preferirebbe rimanere a Ferndean dove c'è un giardinetto del quale si occupa. Alla fine la coppia, assieme al figlio Jonathan, fa ritorno a vivere a Thornefield. Nello stesso periodo Madame Roland, una misteriosa signora francese, va a vivere a Hay non lontano da Thornefield. Si scoprirà essere la sorella di Bertha e di Richard Mason la quale è arrivata fin lì per chiedere a Rochester la sua parte di soldi in base a un contratto pre-matrimoniale che aveva stipulato con sua sorella Bertha che, morendo senza eredi diretti, non ha lasciato le sue ricchezze a nessuno. Madame Roland chiede che vengano consegnate alla famiglia Mason ma Rochester non intende acconsentire alla sua richiesta. In *Mrs. Rochester, A Sequel to Jane Eyre* di Blanchett Warwick si narra della morte di Rochester dopo che ha condotto la famiglia in stato di povertà per una serie di investimenti azzardati. Il romanzo narra dunque la storia di Jane Eyre, da vedova. Dopo aver assicurato la formazione primaria ai figli, Jane si dà a una nuova vita, raggiungendo sua cugina Diana Fitzjames (nata Rivers). I setting descritti rivelano l'ambientazione neozelandese, patria dell'autrice del romanzo. Jane sarà corteggiata prima dall'elegante Luogotenente Frederick Trevelyan e poi dall'arrogante Arcidiacono Parfitt. Numerosi sono anche i *sequels* che narrano della figlia di Jane Eyre, tra cui *Jane Eyre's Daughter* di Elizabeth Newark (tradotto anche in italiano), che narra la storia di Janet Rochester, figlia di Jane Eyre e di Rochester. Dato che i suoi genitori stanno lasciando l'Inghilterra alla volta della Giamaica, decidono di affidarla, da adolescente, al severo Colonnello Dent. Presso Highcrest Manor, la residenza del Colonnello Dent, è coinvolta in una serie di misteri. Conosce così due personaggi maschili molto diversi, il torvo e timido Roderick Landless e l'affascinante Sir Hugo Calendar.

Infine abbiamo una grande quantità di riscritture totali, di rivisitazioni invasive dell'opera della Brontë. In questi casi si riprende solo qualche elemento originario del testo della Brontë riproponendolo in maniera rivista, distorta o inedita, cambiando spesso il contesto storico-geografico troviamo il romanzo parodistico *Chocolate Roses: A Jane Eyre Parody* (2010) di Joan Sowards in cui Janie Rose Whitaker (alter ego di Jane Eyre), recatasi in un negozio di dolciumi, incontra per caso l'uomo del quale si innamorerà, certo Roger Wentworth (riflesso di Rochester) e, mentre lei pensa che Wentworth sia l'immagine di un vero e proprio principe azzurro, pian piano verranno fuori dei misteri legati all'uomo. Così nel romanzo seguirà la narrazione della tormentata storia d'amore dei due. Una riscrittura parodistica e spiritosa è quella che Kay Woodword propone con il romanzo *Jane Airhead* che narra di Charlotte, una ragazza di tredici anni ossessionata da *Jane Eyre*. Sogna di vivere in un maniero gotico nella campagna dello Yorkshire invece di frequentare la Harraby Comprehensive School dove la madre è maestra di lingua inglese, e legge il romanzo di continuo. E' proprio il romanzo a fornirle l'idea di trovare un affascinante eroe romantico per la madre.. Quando un bell'uomo che è l'insegnante di francese, giunge alla scuola, Charlotte decide che sarà il Rochester perfetto per la madre. Ma Mr. Grant non è così impeccabile come aveva creduto e verrà fuori esser stato già sposato.

In *Sloane Hall* (2010) di Libby Sternberg c'è invece un singolare e curioso ribaltamento dei generi: il personaggio di Jane Eyre è, infatti, incarnato da un uomo, John, e quello di Rochester da una donna di successo, Pauline. Siamo nella Hollywood degli anni '20 e John Doyle, orfano e dall'infanzia traumatizzata, perde il suo lavoro nell'industria cinematografica e viene assunto come chauffeur a Sloane Hall, la residenza della bellissima attrice Pauline Sloane. Come nel *romance* della Brontë i due si innamorano, ma dei rumori misteriosi che provengono dalla soffitta ricalcano, in maniera rivista e ridefinita, la presenza di un mistero che assieme dovranno fronteggiare.

In *Jane* di April Lindner, dopo la morte dei suoi genitori, Jane Moore viene mandata in un collegio e poi diventa istitutrice della piccola Maddy a Thornefield Park, la residenza di Nico Rathburn, una famosissima rock star. Jane si innamorerà di lui e quando i due arriveranno a sposarsi, spunterà fuori un segreto. In questo caso vengono mantenuti gli episodi centrali del romanzo della Bronte (Jane orfana, il periodo al collegio, Jane istitutrice a Thornefield, Jane innamorata, il mistero al castello). Ciò che cambia sono i nomi dei personaggi, ma la differenza sostanziale è il periodo storico di ambientazione: se in *Jane Eyre* siamo in età vittoriana qui il romanzo è ambientato in un tempo a noi contemporaneo.

In *An American Heir* di Chrissy Breen Keffer, come si evince dal titolo non ci troviamo nell'Inghilterra vittoriana ma nell'America del ventunesimo secolo. La protagonista, "the american heir" è Bea Stephens, alter ego di Jane Eyre, è una donna felice, intelligente e indipendente. Con l'intenzione di poter continuare i suoi studi Bea prende a lavorare come tata per

Ethan Stuart, un magnate albergatore. I due finiranno per innamorarsi. Riscrittura completamente postmoderna è quella di Sharon Shinn che nel *science fiction* intitolato *Jenna Starborn* (2003) ci fa conoscere una Jane Eyre scienziata che vive nello spazio. La protagonista, Jenna Starborn, è stata concepita in provetta ma, una volta cresciuta, viene rifiutata e abbandonata dalla madre biologica. Jane frequenta la Lora Teach School dove impara i rudimenti della tecnologia nucleare e poi la Techincal and Engineering Academy sul pianeta di Lora dove segue gli studi scientifici con dedizione e successo. Così diventa un tecnico scientifico e va a lavorare sull'isolato pianeta di Fiedlstar. Presso Thorrastone Manor viene accettata e rispettata per la prima volta nella sua vita e lentamente si innamora del master della tenuta, Everett Racenbeck.Nonostante la loro differenza sociale, i due decidono di sposarsi, ma mentre stanno pronunciando la formula nunziale salta fuori un impedimento: Ravenbeck è già sposato. Così Jane lo lascia e fugge su un lontano pianeta coloniale dove trova ospitalità. Tuttavia il suo amore per Ravenbeck non si è spento del tutto e quando sente in lontananza la sua voce, deve decidere se correre da lui o far finta di nulla.

Ci sono poi una serie di romanzi in cui il riferimento a *Jane Eyre* è meno evidente (cambiano i nome dei protagonisti, i nomi degli ambienti, il periodo storico d'ambientazione), e di questo riprendono solo pochi elementi del testo della Brontë, ad esempio in *Rebecca* di Daphne du Maurier e in *The Ivy Three* (1961) di Mary Stewart si riprende il tema del matrimonio difficile a causa di un precedente matrimonio del signore e il tema della moglie pazza, rinchiusa in una stanza al terzo piano della dimora.

Ovviamente questi romanzi passati velocemente in rassegna sono solo alcuni delle tantissime riscritture, *prequels* e *sequels*. Non avrebbe senso continuare a nominarne altri perché, probabilmente, la nostra indagine non sarà mai completa dato che solo nel 2011 sono stati pubblicati molti *rewritings*. E' significativo però tener presente quanto il panorama letterario contemporaneo che guarda con attenzione a *Jane Eyre*, un romanzo vittoriano pubblicato nel 1847, sia vasto e variegato e quanto i diversi autori siano stati capaci di rivedere, modificare, parodiare e originare trame inedite e curiose che non minaccaiano né offuscano minimante la grandezza del *mother text* che rimane un classico, uno di quei testi immortali e che continuano ad essere letti e studiati. C'è da chiedersi se la Brontë avrebbe gradito il tanto parlare sulla sua opera e della tradizione letteraria da essa nata o se si sarebbe infastidita nel veder ogni volta degradata la storia originaria, il suo *romance*. E' una questione che non possiamo risolvere nemmeno facendo riferimento alle ampie biografie sull'autrice. Siamo, però, abbastanza certi di una cosa: che il suo romanzo era inteso come consacrazione di una donna orfana, povera e che si fa strada da sola nel mondo, passando dalla povertà all'acquisizione di una sua indipendenza economica, elementi per le quale viene sostanzialmente considerata assicme alla Austen una delle prime scrittrici inglesi chiaramente femministe. Allo stesso tempo nell'opera della Brontë fuoriesce una visione razziale, etnocentrica e c'è da immaginare quindi che la Brontë mai avrebbe utilizzato il personaggio di Bertha come narratore, come punto di vista della narrazione al contrario di quanto invece fa Jean Rhys. Ma una domanda come quella che ci siamo posti finisce per risultare priva di senso, perché è evidente che nelle varie opere che abbiamo citato è diverso il fine della storia: in *Jane Eyre*, come si è detto, c'è la volontà di descrivere una storia d'amore difficile, ma, soprattutto, l'indipendenza economica della donna dall'uomo. In quasi tutti gli altri romanzi le finalità sono diverse: far ridere, scherzare, generare terrore, dare un'altra prospettiva, etc. Se da una parte i vari autori dei *rewritings* hanno utilizzato generalmente gli stessi ambienti del *mother text*, gli autori hanno lavorato molto sull'ambientazione temporale: molti romanzi infatti sono ambientati in un'età a noi contemporanea e, addirittura in *Jenna Starborn* di Sharon Shinn, il romanzo è ambientato nello spazio. Tutto questo ha forse la finalità di ricontestualizzare la storia di *Jane Eyre* a un'età a noi forse più vicina e comprensibile. Si tratta ovviamente di riscritture interessanti e curiose, altre abbastanza singolari e ricercate che andrebbero studiate attentamente in maniera comparativa per sottolinearne i riferimenti espliciti e impliciti al *mother text*. Così, mentre scrittori esordienti o poco noti del nostro tempo si cimentano in *rewritings* sull'opera della Brontë, il suo capolavoro rimane onnipresente e dominante a vegliare, come un'affettuosa madre, su tutti i suoi figli.

Come ogni grande successo letterario, si pensi a *Little Women* (1868) di Louisa May Alcott o *The Secret Garden* (1909) di Frances Hodgson Burnett, *Jane Eyre* ha conosciuto una grande diffusione anche attraverso i mezzi cinematografici. Sono numerosissimi gli adattamenti filmici e le serie televisive che sono state dedicate a questo romanzo vittoriano. Si tratta di un successo dovuto all'interesse della gente nei confronti di una storia complessa e accattivante che comprende una trama romantica, ma anche chiari elementi che fanno pensare alla tradizione gotica e, se si pensa alla vita travagliata della piccola Jane Eyre, non è difficile evidenziare il tono drammatico, almeno per la prima parte dell'opera. L'interesse verso questo grande romanzo è pertanto rimasto sempre alto a partire dalla pubblicazione del romanzo nel lontano 1847. Le riscritture e le rivisitazioni della storia originale non solo sono state utilizzate come nuove trame di romanzi o di racconti, ma sono state trasposte, talvolta con successo, talvolta meno sul piccolo e grande schermo.

I primi film sulla storia di Jane Eyre sono di origini inglesi e vennero girati negli anni '10-'20; si tratta di film muti. Nel 1915 un film tratto dall'opera della Brontë venne intitolato *Thornefield Hall*; nel 1921 seguì *Jane Eyre* (regia di Hugo Ballin) e nel 1926 l'opera venne adattata per un film tedesco dal titolo *Orphan of Lowood*. A queste prime realizzazioni filmiche dell'opera letteraria ne sono seguite molteplici altre tra le quali vanno ricordate *Jane Eyre* (regia di Christly Cabanne, 1934), *Jane Eyre* (regia di Robert Stevenson, 1944. Nel film Orson Welles inscenò la parte di Mr. Rochester e Agnes Moorehead fu Jane Eyre). Molte le versioni filmiche straniere: *The Orphan Girl* (1956), *El Secreto* (*The Secret,*

1963), *Shanti Nilayam* (versione indiana, 1972), *Ardiente Secreto* (versione messicana, 1978).

Numerose sono state anche le serie televisive basate sul personaggio di Jane Eyre, commissionate dai rispettivi canali nazionali (Bbc, Sctv). A questo riguardo, degna di nota è la serie televisiva *Jane Eyre* girata da Toby Stephens per la Bbc e trasmessa sul canale inglese nel 2006.

Assieme al film del 1944, l'adattamento più famoso e noto resta a tutt'oggi quello del 1996 per la regia di Franco Zeffirelli con William Hurt nei panni Rochester e un'affascinante Charlotte Gainsbourg nel ruolo di Jane Eyre. Ultimo in questa linea continua di adattamenti è per il momento il film *Jane Eyre* (2011) del regista Cary Fukunaga, uscito nelle sale americane l'11 marzo 2011. Il ruolo di Jane Eyre è interpretato da una bravissima Mia Wasikowska (già interprete di Alice Kingsley in *Alice* di Tim Burton nel 2010). In Gran Bretagna l'uscita del film è prevista per il 9 settembre 2011 così che dobbiamo immaginare che in Italia, forse, giungerà in periodo natalizio. Il regista Cary Fukunaga in varie interviste ha detto che la sua versione cinematografica sottolinea in maniera maggiore e inedita, rispetto alle precedenti realizzazioni filmiche, gli elementi gotici della storia, che si riferiscono principalmente agli episodi che si svolgono a Thornefield Hall, maniero vasto ed oscuro nel quale si odono urla e risa nella notte. Così, piuttosto che iniziare la storia dalla difficile infanzia di Jane e seguire poi un ordine cronologico, il film apre con la scena, dipinta a tinte fosche, in cui Jane lascia Thornefield Hall, scelta che lo stesso regista ha spiegato essere intesa come carica di mistero e di *suspense*. Chi non conosce il libro della Brontë, infatti, può solo immaginare perché la ragazza abbandona Thornefield.

La lunga sequela di adattamenti, film, serie televisive che sono state create nel tempo testimoniano il grande successo del romanzo della Brontë, l'attenzione, l'interesse e la vicinanza del pubblico verso il personaggio di Jane Eyre e il piacere di scoprire storie con un *happy ending* che è stato conquistato dopo svariate peregrinazioni, problemi e sofferenze da parte dei personaggi. È curioso, ma al tempo stesso affascinante come un romanzo pubblicato nel 1847 sia ancora oggigiorno cosi oggetto d'interesse non solo della letteratura, ma anche di case di regia. Le varie realizzazioni cinematografiche, pur attenendosi alla trama generale del romanzo, hanno talvolta fatto scelte differenti, enfatizzando alcuni episodi descritti nel libro o dando una particolare caratterizzazione dei personaggi. Si tratta di un processo di rivisitazione dell'opera del tutto legittimo e al tempo stesso interessante da poter analizzare attentamente in maniera comparativa. Per gli *italian Jane Eyre devoted* non resta altro che attendere l'uscita nelle sale di questo nuovo film sull'affascinante romanzo vittoriano, arricchito dall'enfasi data alle scene più legate al mistero e ricche di *suspense* e pensato proprio come una rilettura gotica del romanzo della Brontë che ha già in sé i germi di questa ambientazione gotica e misteriosa.

Pastiche letterari, *rewritings* fedeli o meno al *mother text*, *prequels* e *sequels*, parodie, serial televisivi e adattamenti cinematografici testimoniano come il romanzo della Brontë sia di grande interesse e attualità e quanto il potere magico della scrittura vittoriana resti intatto con il passare degli anni continuando a suscitare un fascino misterioso e intrigante nel lettore.

LORENZO SPURIO

Jesi, 19 Luglio 2011

BIBLIOGRAFIA

Browning, Sherri Erwin, *Jane Slayre*, New York, Gallery Books, 2010.

Brontë, Charlotte, *Jane Eyre*, Milano, Mondadori, 2007.

Pitzorno, Bianca, *La bambinaia francese*, Milano, Mondadori, 2004.

Rhys, Jean, *Il grande mare dei Sargassi*, Milano, Adelphi, 1980.

Thomas, D.M., *Charlotte, l'ultimo viaggio di Jane Eyre*, Milano, Baldini & Castoldi, 2001.

L'AUTORE

LORENZO SPURIO è nato a Jesi (An) nel 1985. Si è laureato in Lingue e Letterature Moderne Comparate all'Università di Urbino "Carlo Bo" nel 2008 con una tesi di letteratura inglese dal titolo "Il concetto di 'wyrd' nel poema *Beowulf*" e sta per terminare la Laurea Magistrale in Lingue e Letterature Moderne all'Università di Perugia. Grande appassionato di letteratura straniera ha scritto alcuni saggi e testi critici su alcune opere della letteratura inglese e questa è la sua prima pubblicazione di critica letteraria. Scrive anche racconti brevi, molti dei quali sono apparsi su varie riviste di letteratura e cultura italiana tra cui *Osservatorio Letterario – Ferrara e l'altrove*, *La Ballata*, *Sagarana*, *Inverso*, *Aeolo* e *Slavia*. Dal 2010 è redattore della rivista di letteratura e cultura *Segreti di Pulcinella* diretta da Massimo Acciai. E' autore del blog di letteratura e cultura dove pubblica testi critici, recensioni di libri di autori esordienti e analisi di opere letterarie della letteratura mondiale.

Per contattare l'autore:

lorenzo.spurio@alice.it
lorenzo.spurio@hotmail.it
http://www.blogletteratura.wordpress.com/

www.ingramcontent.com/pod-product-compliance
Lightning Source LLC
Chambersburg PA
CBHW050544280326
41933CB00011B/1711